Un monde sans loi

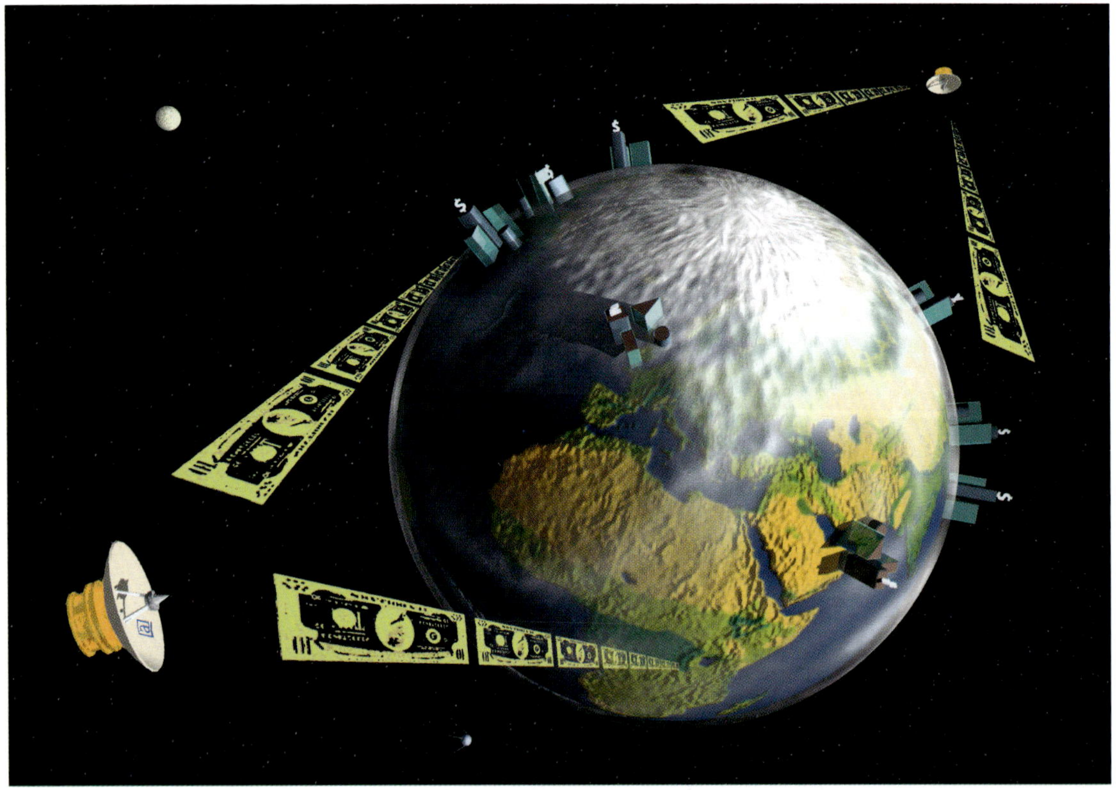

Texte de Jean de Maillard

Illustrations de Pierre-Xavier Grézaud

Un monde sans loi

Préface Eva Joly et Laurence Vichnievsky, juges à Paris

Avec la contribution de

Bernard Bertossa, procureur général de Genève

Benoît Dejemeppe, procureur du roi à Bruxelles

Antonio Gialanella, juge à Naples

Renaud Van Ruymbeke, conseiller à la cour d'appel de Rennes

Stock

Remota itaque justitia, quid sunt regna, nisi magna latrocinia?

SAINT AUGUSTIN, *De civitate Dei*, IV, 4.

Si la justice vient à manquer, que sont les royaumes, sinon de vastes brigandages?

Ce livre est dédié à la mémoire de

Pietro Scaglione	*magistrat assassiné le 5 mai 1971*
Francesco Ferlaino	*magistrat assassiné le 3 juillet 1975*
François Renaud	*magistrat assassiné le 3 juillet 1975*
Francesco Coco	*magistrat assassiné le 8 juin 1976*
Vittorio Occorsio	*magistrat assassiné le 10 juillet 1976*
Riccardo Palma	*magistrat assassiné le 4 février 1978*
Girolamo Tartaglione	*magistrat assassiné le 10 octobre 1978*
Fedele Calvosa	*magistrat assassiné le 8 novembre 1978*
Emilio Alessandrini	*magistrat assassiné le 29 janvier 1979*
Cesare Terranova	*magistrat assassiné le 25 septembre 1979*
Nicola Giacumbi	*magistrat assassiné le 16 mars 1980*
Girolamo Minervini	*magistrat assassiné le 18 mars 1980*
Guido Galli	*magistrat assassiné le 19 mars 1980*
Mario Amato	*magistrat assassiné le 23 juin 1980*
Gaetano Costa	*magistrat assassiné le 6 août 1980*
Pierre Michel	*magistrat assassiné le 21 octobre 1981*
Giangiacomo Ciaccio Montalto	*magistrat assassiné le 25 janvier 1983*
Bruno Caccia	*magistrat assassiné le 26 juin 1983*
Rocco Chinnici	*magistrat assassiné le 29 juillet 1983*
Alberto Giacomelli	*magistrat assassiné le 14 septembre 1988*
Antonino Saetta	*magistrat assassiné le 25 septembre 1988*
Rosario Livatino	*magistrat assassiné le 21 septembre 1990*
Antonio Scopelliti	*magistrat assassiné le 9 août 1991*
Giovanni Falcone	*magistrat assassiné le 23 mai 1992*
Francesca Morvillo	*magistrat assassiné le 23 mai 1992*
Paolo Borsellino	*magistrat assassiné le 19 juillet 1992*

Sommaire

Bermudes
Bahamas
Turks &Caicos
Rép. Dominicaine
Iles Vierges
Caiman
St Kitts & Nevis
Anguilla
Antigua & Barbuda
Jamaïque
Montserrat
Aruba
Barbade
Antilles néerlandaises
St Vincent & Grenadines
Grenade
Costa-Rica
Panama
Colombia
Venezuela
Dublin
Ile de Man
Jersey
Guernesey
Alderney
Sark
Luxembourg
Suisse
Liechtenstein
Monaco
Vatican
Andorre
Gibraltar
Ceuta
Madère
Malte
Chypre
Liban
Afghanistan
Émirats Arabes Unis
Bahrein
Oman
Hong-Kong
Hainan
Labuan
Singapour
Maldives
Seychelles
Maurice
Gambie
Cap-Vert
Libéria
Sainte Hélene
Polynésie française
Iles Pitcairn
Cook
Paraguay
Uruguay
ATLANTIC OCEAN
INDIAN OCEAN
SOUTHERN OCEAN

Préface

La corruption n'est pas un phénomène nouveau. Dans toute société un tant soit peu organisée, on trouve des hommes ou des femmes prêts à vendre une parcelle de leur pouvoir ou de leur fonction.

Les formes de ce phénomène, en revanche, ont sensiblement évolué. Elles épousent aujourd'hui la technicité et la sophistication de nos sociétés ouvertes. La corruption contemporaine utilise au mieux les possibilités offertes par la circulation accélérée des capitaux. L'histoire de la criminalité montre que les délinquants possèdent toujours un temps d'avance. Mais cet avantage naturel est aujourd'hui accru. Si rien ne change, il deviendra décisif.

Le décalage grandissant que nous constatons entre les moyens que peuvent mobiliser les grands délinquants financiers et ceux dont disposent les policiers et les magistrats chargés de les combattre tient largement au caractère territorial, national et donc nécessairement fragmenté et limité de la répression, face à une activité criminelle sans frontières.

Les dossiers que nous sommes amenés à instruire illustrent ce décalage et ne peuvent plus se satisfaire d'une coopération entre États si frileuse et désuète.

Ce livre prolonge l'appel de Genève. Les témoignages des magistrats français et étrangers qu'il contient permettent de prendre la mesure des enjeux que représente un tel constat, au-delà des grandes déclarations d'intention des pouvoirs publics en France et dans le monde.

Laurence Vichnievsky — Eva Joly

La fièvre judiciaire

Les premiers symptômes sont apparus sans qu'on les remarque vraiment. Des juges, perdus dans une Sicile oubliée, se sont mis à faire trembler l'État italien sur ses bases. Leurs enquêtes ont révélé la faiblesse institutionnelle du pouvoir politique et la compromission de certains dirigeants politiques avec la Mafia. Les magistrats risquaient leurs vies. Certains l'ont perdue. Leur mort occupait à peine une brève dans les quotidiens européens, et la page était vite tournée dans les journaux italiens. Mais un coin du voile était soulevé.

La vague judiciaire partie de Palerme sous l'impulsion du juge Falcone a été suivie, une décennie plus tard et sans lien apparent, par l'opération *Mani pulite* (Mains propres), conduite par les juges milanais contre la corruption politique. D'Italie, la fièvre s'est propagée en Europe et dans le monde. Inégalement, sans doute, mais assez pour que l'on puisse parler d'épidémie. La fièvre judiciaire n'était que le symptôme d'un changement de monde. En vingt ans, la représentation du crime organisé est passée du folklore du Parrain, immortalisé par Coppola, à l'ordre du jour des sommets internationaux.

Les chefs d'État et de gouvernement prononcent désormais, à chaque réunion du G7, de nobles discours sur les dangers que font encourir aux démocraties occidentales les mafias et la corruption, la drogue et tous les systèmes criminels, avec leur corollaire, l'argent sale et le blanchiment qui sert à le recycler. Dans les années glorieuses, ces sujets de basse police auraient été délégués, avec répugnance, aux ministres de l'Intérieur.

Aujourd'hui, le président Eltsine parle avec accablement du pays qu'il dirige comme d'une «grande puissance mafieuse». Le président Clinton fait de la lutte contre le trafic de cocaïne l'un des enjeux de la survie du monde occidental, et le critère de la coopération économique des États-Unis avec leurs partenaires. Son prédécesseur, déjà, avait envoyé un contingent arrêter le général Noriega, président en exercice du Panama, comme trafiquant de drogue! Le président Chirac se déplace solennellement en Corse, après le meurtre du représentant de l'État, pour dénoncer le système politico-mafieux pourtant longtemps toléré par la République. Le FMI dénonce publiquement la corruption dans la finance asiatique, de Tokyo à Séoul.

Comment se fait-il que deux mondes aussi éloignés se soient télescopés? Comment des juges menant d'obscures enquêtes dans leurs tribunaux reculés, ont-ils pu mettre le doigt sur un phénomène planétaire ? Nos sociétés sont devenues si malades, s'insurgent les pessimistes, qu'elles sont rongées par la corruption, au point d'être menacées dans leurs fondements. Allons donc ! rétorquent les optimistes, si l'on en parle tant c'est par un effet de loupe et de rattrapage. Le risque – s'il a réellement existé – est désormais jugulé. La démocratie a finalement progressé grâce aux « affaires ».

Pourtant, les uns et les autres ont tort. Les pessimistes, parce qu'ils croient que la « Très Grande Corruption » – celle du crime organisé et de ses multiples ramifications, du trafic d'influence au blanchiment de l'argent sale – est une maladie dont nos sociétés n'ont aucune chance de se relever. Les optimistes parce qu'ils croient que nous en avons déjà trouvé le remède, ou qu'il s'agit avant tout d'un fantasme et d'un amalgame.

Les uns et les autres se trompent d'abord dans leur diagnostic. La Très Grande Corruption n'est ni un mal définitif ni seulement un malaise temporaire, tout simplement parce que ce n'est pas une maladie, mais un état. Cessons d'imaginer le crime comme un virus attaquant un corps sain. Il n'est que le négatif de chaque société, son empreinte en quelque sorte, qui évolue avec elle.

Le problème aujourd'hui, c'est qu'il est impossible de distinguer la légalité et l'illégalité dans le monde sans loi de la planète financière. La Très Grande Corruption est le signe d'une mue majeure de nos sociétés. L'économie criminelle n'est pas devenue par hasard un secteur en pleine expansion. Son histoire est indissociable de celle de la mondialisation financière. Qui veut saisir pourquoi la question du crime est devenue si importante aujourd'hui, doit comprendre d'abord quelles sont les mutations qu'ont subies, en cinquante ans, l'économie et la finance mondiales. Sur les marchés financiers, tout est désormais permis parce que rien ne peut plus être interdit.

La rupture formidable que le monde est en train de vivre est à la fois l'épilogue d'une page rédigée avec la victoire des Alliés en 1945, et le prologue de celle qui a commencé à s'écrire dès les années soixante-dix. Les juges ont été les témoins stupéfaits d'une évolution dont ils ont été les premiers à découvrir la face effrayante et presque les seuls à tenter d'en entraver le cours. C'est pourquoi ils se sont trouvés en première ligne. Il n'est pourtant pas dans la mission des juges de faire eux-mêmes l'Histoire, ni même de vouloir en changer le destin. Notre responsabilité, à nous magistrats, est seulement de témoigner, comme ici, de notre impuissance.

>>> La planète

financière

De la guerre mondiale à la guerre économique

Quand les Alliés ont voulu jeter les bases d'une nouvelle organisation de l'économie mondiale, à la fin de la dernière guerre, la monnaie a été leur première préoccupation. Les accords de Bretton Woods ont été signés avant même la fin du conflit, en juillet 1944. Il fallait prévenir les crises qui avaient secoué le monde pendant les années trente et garantir la stabilité du système économique. Le dollar convertible en or, c'est-à-dire échangeable contre de l'or à un cours fixe, allait en être la clé de voûte. Les autres devises pourraient être convertibles en dollars ou entre elles, également à un cours fixe.

Réserves mondiales d'or en 1945

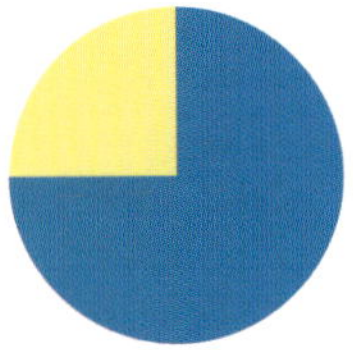

En 1944, l'Amérique est épargnée par les dommages de la guerre. C'est pourquoi sa monnaie est la seule qui soit assez forte pour être convertible en or. Son cours est fixé à 35 dollars l'once et elle devient naturellement la monnaie de référence des échanges internationaux. Toutes les autres devises, par la force des choses, voient leur valeur fixée par rapport au dollar et, à travers lui, par rapport à l'or.

Les USA sont devenus les créanciers du monde pendant la guerre. Ils disposent des trois quarts des réserves mondiales d'or alors que les économies européennes et japonaise sont exsangues. Les USA décident donc d'aider la reconstruction des pays industrialisés, dans le cadre du plan Marshall. De 1947 à 1952, vingt-sept milliards de dollars – valeur de l'époque – sont versés à l'Europe et au Japon : vingt et un milliards sous forme de dons et six milliards sous forme de prêts. Tant que la reconstruction n'est pas terminée, cette situation ne présente pas d'inconvénients. L'afflux de dollars dope l'activité. L'argent est rare, il se réinvestit facilement. La création monétaire accélérée ne provoque pas d'inflation. Les États-Unis s'appuient sur une devise quasiment universelle.

Les premières alertes

Année après année, les économies occidentales reconstituent leurs forces et deviennent des partenaires économiques à part entière des États-Unis. De plus en plus de dollars circulent : pour payer leurs achats à l'étranger, les États-Unis fabriquent des dollars qui ne sont plus garantis par rien. A partir de 1960, leurs réserves d'or sont devenues

La reconstruction

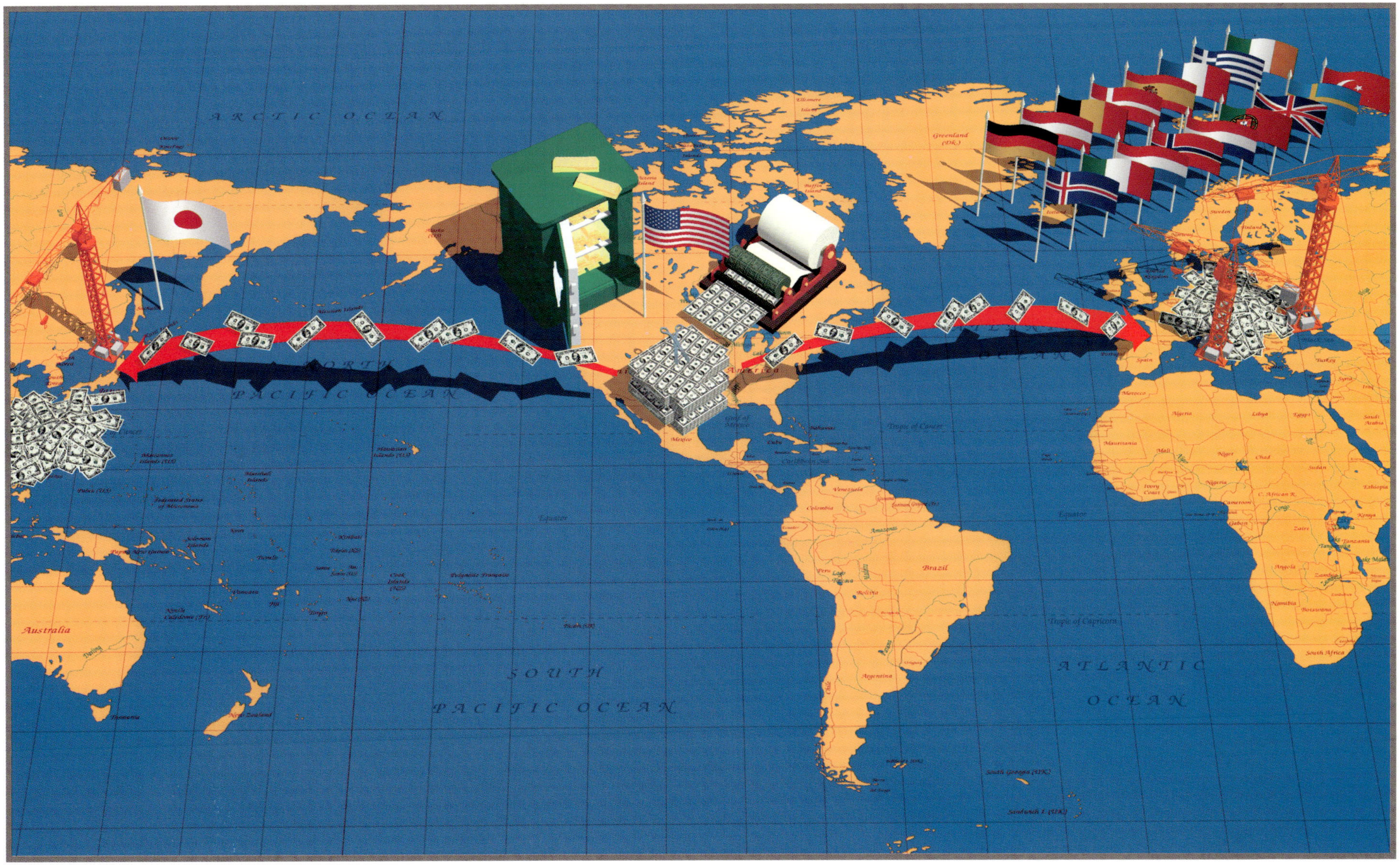

De 1947 à 1952, les États-Unis financent la reconstruction des pays occidentaux dévastés par la guerre. Les dollars qu'ils déversent en Europe et au Japon sont immédiatement investis, et vont rapidement permettre aux économies de ces pays de redémarrer et de devenir des partenaires commerciaux pour les États-Unis. L'afflux des dollars assure à la fois les liquidités internationales et le développement de l'économie américaine.

Volume annuel des échanges internationaux (en milliards de dollars)

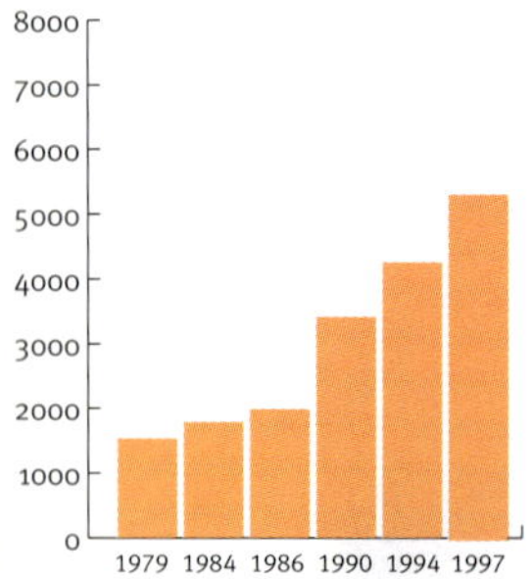

Source : O. Piot et *Le Monde*

inférieures à leurs engagements extérieurs. L'euphorie économique de la reconstruction est retombée. Les Occidentaux demandent aux Américains d'arrêter leur création ininterrompue de monnaie. Un secrétaire d'État américain au Trésor, John Conally, aura cette réponse cynique : « Le dollar, c'est notre monnaie, mais c'est votre problème ! » Les Américains ajoutent : « Vous avez besoin de dollars pour régler vos échanges internationaux. Vous n'avez pas le choix, car le dollar est la seule monnaie convertible en or. Si nous devions maintenir une quantité de dollars équivalente à leur valeur en or, nous ne pourrions pas émettre autant de monnaie qu'il le faudrait pour financer notre propre développement. Nous ne voulons pas choisir entre le financement de l'expansion mondiale et celui de l'économie américaine. »

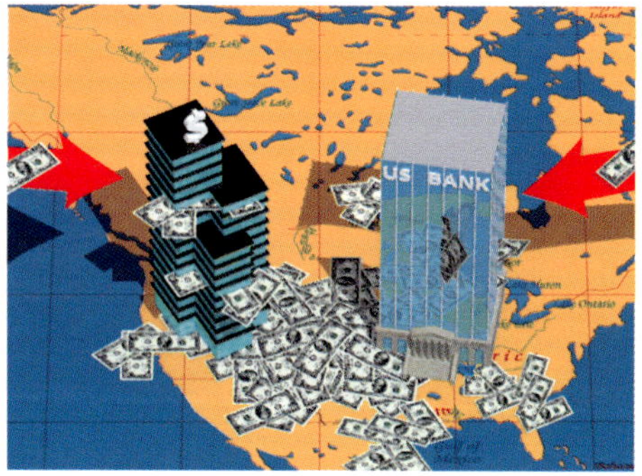

« Qu'à cela ne tienne ! répondent les Occidentaux. Donnez-nous votre or et reprenez vos dollars ! » Les réserves fédérales en or fondent à vue d'œil. Pour ne pas assécher leurs coffres-forts, les Américains imposent aux autres pays de limiter leurs demandes de remboursement. Comme personne ne souhaite casser le système monétaire international, les Occidentaux acceptent, tout au long des années soixante, des mécanismes compliqués destinés à freiner les demandes de conversion de dollars en or.

Le vrai point de départ de la mondialisation

Cette politique permet seulement de gagner du temps. Car les États-Unis profitent de leur position dominante pour continuer leur laisser-faire. La pression monétaire finit par devenir intolérable. Le dollar n'inspire plus confiance. Il y en a trop en circulation. L'inquiétude sur la solvabilité du billet vert se propage. Comment être assuré du pouvoir d'achat d'une monnaie qui n'est garantie par rien et dont la masse en circulation ne cesse d'augmenter ? Le 15 août 1971, Richard Nixon décide alors un coup de force : il met fin à la convertibilité du dollar en or. Le système monétaire international bascule. L'or cesse d'être la valeur de référence des monnaies. Elles vont se mettre à « flotter ». Leurs valeurs réciproques, les unes par rapport aux autres, deviennent leur seule garantie. Un mark ne vaut plus une fraction de dollar qui valait lui-même une fraction d'or. La valeur de chaque

Les années faciles

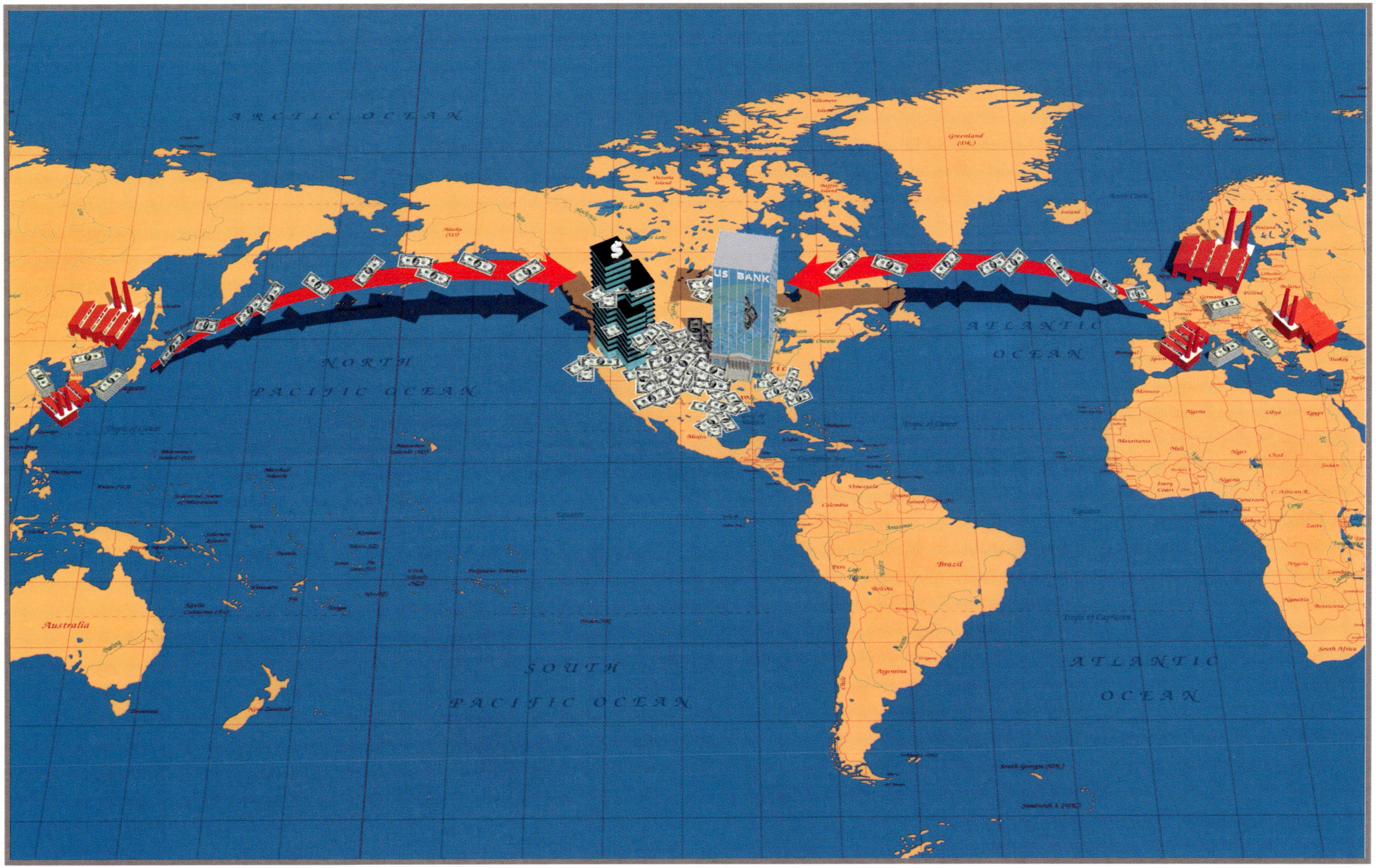

Les États-Unis servent de banquiers à l'ensemble du monde. L'économie des autres pays industralisés occidentaux est dynamisée par les moyens financiers qui leur sont fournis. La croissance économique s'installe, les capitaux se réinvestissent et les États-Unis profitent du retour des investissements qu'ils ont favorisés.

devise résulte du rapport complexe qu'elle entretient avec toutes les autres. La décision de 1971 est le vrai point de départ de la mondialisation.

Le bras de fer entre débiteurs et créanciers

On avait voulu, en 1944, trouver la recette de la stabilité. Mais ce système conçu pour durer a donné au bout de dix ans des signes de faiblesse. D'abord larvée, puis de plus en plus aiguë, la crise fut dénouée par la rupture américaine de 1971, qui a lancé une période d'instabilité et de réorganisation profonde de l'ensemble des économies et des systèmes financiers. A posteriori, la question est d'abord de comprendre pourquoi la crise n'a pas éclaté plus tôt, tant elle semblait inéluctable depuis au moins une décennie. La guerre froide obligeait bien sûr les pays occidentaux à une solidarité militaire, politique et économique. Mais en 1971 les menaces d'un conflit Est-Ouest ne se sont pas évanouies par enchantement.

Il faut chercher la réponse dans l'organisation interne des économies occidentales. En fait, parallèlement aux accords de Bretton Woods, les Occidentaux ont multiplié les barrières, les cloisonnements et les garde-fous internes en matière économique et financière. A la fin de la guerre, tout le monde était convaincu qu'il fallait empêcher les systèmes financiers de retrouver une liberté susceptible de favoriser une nouvelle crise de 1929. Chacun se souvenait que le krach boursier avait entraîné une récession à la fois contagieuse et désastreuse, dont Hitler avait profité pour prendre le pouvoir.

Dans l'après-guerre, les relations économiques et financières sont donc mises sous la tutelle des États, encadrées et soigneusement cloisonnées. Une panoplie de structures et d'instruments est mise à contribution : réglementations sur le contrôle des changes, encadrement du crédit et des taux d'intérêt, fixation administrative des prix, distinction entre les banques de dépôt et les banques d'affaires, entre les établissements bancaires et les établissements financiers, etc. La monnaie et la finance sont mises au service du développement économique. Il paraît alors naturel pour les Occidentaux que la répartition des gains entre le capital (les actionnaires) et le travail (les salariés) soit arbitrée par le pouvoir politique. Tous les États capitalistes sont à cette époque, à des degrés divers, des États-Providence. L'organisation de

La fin d'un cycle

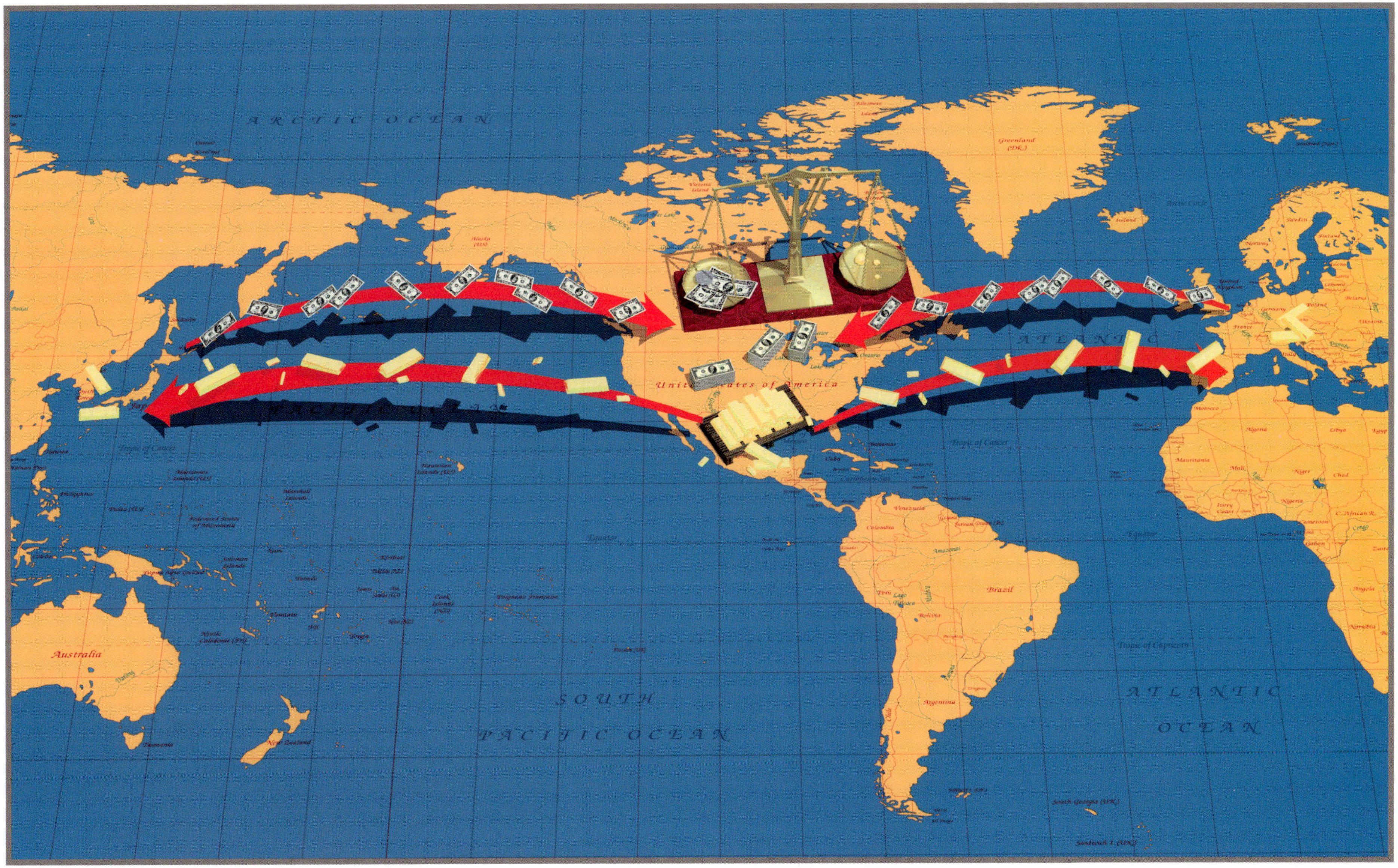

Les États-Unis refusent de limiter les volumes de dollars en circulation, pour ne pas freiner leur propre développement ni amoindrir leur hégémonie mondiale. Trop de dollars circulent, et le dollar s'affaiblit. Les partenaires de l'Amérique cherchent à se protéger contre la baisse de leurs avoirs en dollars en demandant aux États-Unis de les convertir en or. Les réserves d'or américaines fondent et les États-Unis imposent une limitation des demandes de conversion de dollars en or.

Croissance des euro-marchés
(en milliards de dollars)

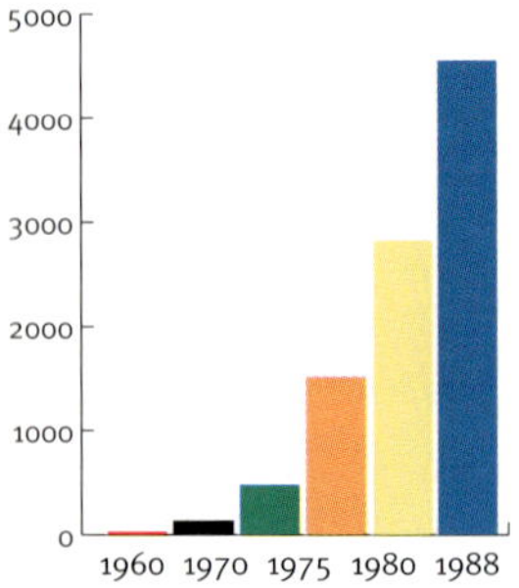

Source : F. Chesnais

Bretton Woods, fortement hiérarchisée, coiffait ainsi des économies nationales, elles-mêmes enserrées dans des structures rigides. C'est cette rigidité des systèmes nationaux qui a maintenu le système monétaire jusqu'en 1971 et qui va éclater dans les années 70.

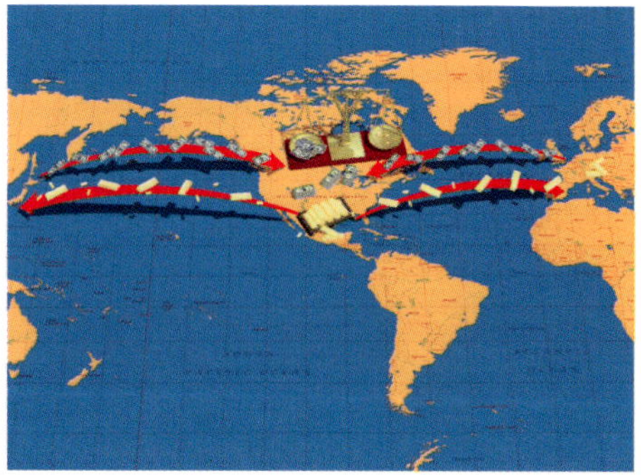

Le triomphe des débiteurs

Autrement dit, l'intervention de l'État reposait sur un principe financier implicite : le développement d'une économie de débiteurs. Le crédit devait favoriser ceux qui empruntaient pour faire tourner la machine économique. Le coût de l'argent ne devait pas être un frein aux projets de développement. Les banques et les établissements financiers ne pouvaient donc pas croître à leur guise, ni même réaliser librement les profits qu'ils souhaitaient. Au contraire, les taux d'intérêt étaient faibles. Les débiteurs, en profitant de l'inflation, ont même pu bénéficier de taux d'intérêts négatifs, c'est-à-dire de taux d'intérêts inférieurs à celui de l'inflation. En monnaie constante, ils remboursaient alors moins que ce qu'ils avaient emprunté. Du coup, les économies occidentales se sont emballées. Les acteurs économiques, qu'ils soient entrepreneurs ou salariés, se sont mis à vivre à crédit, en s'endettant sans douleur.

C'est dans les années 70 que la logique de l'économie de débiteurs a fini par exploser. Le cumul de la société de consommation et de l'État-Providence imposait des programmes sociaux massifs et coûteux. Les salaires et les charges de toute nature sont devenus plus lourds pour les entreprises. La rémunération du capital a baissé. Cependant, tous les pays n'ont pas appliqué exactement la même politique. Le coût du travail et les prix des marchandises variaient sensiblement d'un pays à l'autre. Tant que les cloisonnements économiques entre les pays protégeaient leurs marchés nationaux de la concurrence étrangère, ces distorsions ont été négligeables. Mais l'économie repose sur des logiques qu'on ne peut pas ignorer trop longtemps. L'essor de l'activité nécessite, un jour ou l'autre, l'ouverture étrangère. Cet appel d'air fut dès le départ indispensable pour faire redémarrer les économies dévastées par la guerre. Les interconnexions entre les économies occidentales n'ont cessé d'augmenter durant les années 60. Dans des économies ouvertes, le risque est grand de voir la concurrence s'implanter ailleurs ou vendre moins cher les mêmes produits que vous. La contradiction entre l'ouverture du commerce international et le cloisonnement des activités économiques et financières à l'intérieur de chaque pays a fini par exploser. L'ordre monétaire international, au sommet de la pyramide, a cédé le premier. Ce sont les besoins d'échanges extérieurs qui ont fait rompre les cadres rigides mis en place par les États-nations à l'intérieur de leurs frontières.

La revanche des créanciers

Pendant toute cette période, les autorités monétaires américaines ont encouragé les investissements de leurs entreprises à l'étranger, pour éviter que les dollars en excès ne reviennent aux États-Unis et ne provoquent une inflation importante. Une masse de dollars s'est retrouvée dans les coffres des banques étrangères, particulièrement européennes. Ainsi sont nés les eurodollars, dont les banques et les emprunteurs ont rapidement apprécié les avantages. Stockés en dehors de leur pays d'origine, les autorités monétaires américaines n'avaient aucun pouvoir pour en réglementer l'emploi. Quant aux autorités des pays où se trouvaient ces capitaux délocalisés, elles ne pouvaient pas non plus s'en occuper, puisque ce n'était pas leur monnaie. Les financiers se sont alors rendu compte que les contraintes des années 50 et 60 n'avaient aucune prise sur les capitaux détenus hors de leur territoire d'origine.

La crise du pétrole de 1973-1974 et les 70 % d'augmentation brutale décidée par les pays de l'OPEP ont donné un coup d'accélérateur à l'internationalisation financière. Des flux considérables de pétro-dollars ont afflué dans les caisses des pays de l'OPEP. Comme les pays producteurs de pétrole ne pouvaient pas investir tout cet argent chez eux, les banques européennes ont proposé de faire fructifier le surplus en prêtant ces pétro-dollars aux pays industrialisés et aux pays du tiers monde les plus solvables.

A partir du moment où la finance a pu assurer seule, hors du contrôle des administrations, le financement de l'économie, les banques et les établissements financiers se sont trouvés en position de force. Les créanciers ont repris leurs droits face aux débiteurs.

L'explosion du marché des changes (en milliards de $)

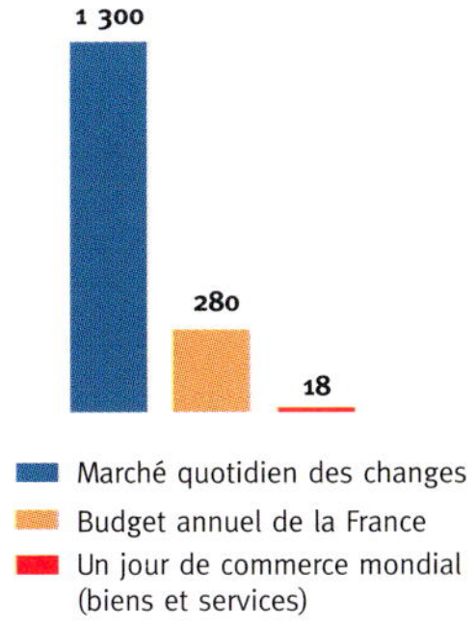

Les États occidentaux ont subi un effet de ciseaux. D'un côté, ils étaient obligés de poursuivre leurs politiques de redistribution, parce que cette logique de soutien à l'économie et d'assurance sociale était acceptée par tout le monde depuis trente ans et ne pouvait pas se modifier instantanément. Mais de l'autre côté le financement de ces politiques leur échappait.

Transactions quotidiennes sur le marché des changes (en milliards de dollars)

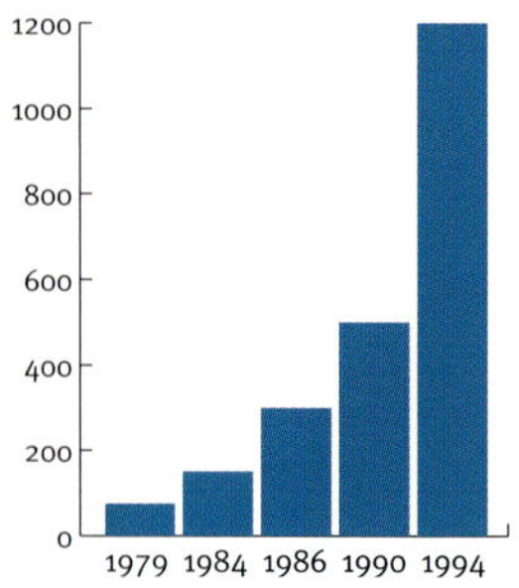

Source : O. Piot

Un arbitrage d'abord repoussé

Durant les années 70, cette double pression fut résolue temporairement par ce qu'on a appelé la «stagflation», qui était une manière de ne pas choisir. Une course poursuite s'est engagée entre débiteurs et créanciers. Les débiteurs profitaient de l'inflation pour réduire le poids de leurs dettes, tandis que les financiers, libérés des contraintes, pouvaient augmenter leurs taux d'intérêt pour récupérer leurs pertes dues à l'inflation. On assistait à la conjonction de deux phénomènes que la théorie économique estimait à l'époque incompatibles : une stagnation de l'activité et une forte inflation.

Les États occidentaux n'avaient plus de prise sur le secteur financier, mais ils ne pouvaient pas non plus imposer les conditions draconiennes qu'attendaient les créanciers, en raison du coût social, et donc politique de telles mesures. Ils ne pouvaient qu'assister à la course poursuite entre la dévalorisation de l'argent (hausse des prix, qui dévalue la valeur de l'argent) et sa revalorisation (hausse des taux d'intérêt, qui fait monter le loyer de l'argent). Le choix impossible des États s'est répercuté sur les entreprises qui, elles, ont dû arbitrer. Pour alléger le coût de leurs créances et retrouver leur rentabilité, elles ont dû rogner leurs charges et donc sacrifier les plus vulnérables, c'est-à-dire les salariés, sur lesquels elles pouvaient avoir prise. Elles ont réduit leurs effectifs, développé la sous-traitance, privilégié le travail à la carte, précaire et intérimaire. Elles ont remplacé les travailleurs par des machines, le développement fulgurant de l'informatique favorisant d'importants progrès de productivité. Le chômage massif a refait son apparition.

Un nouveau monde

Pour sortir de la crise, il a donc fallu trancher entre créanciers et débiteurs. Tout naturellement, la balance a penché

L’apparition des euro-marchés

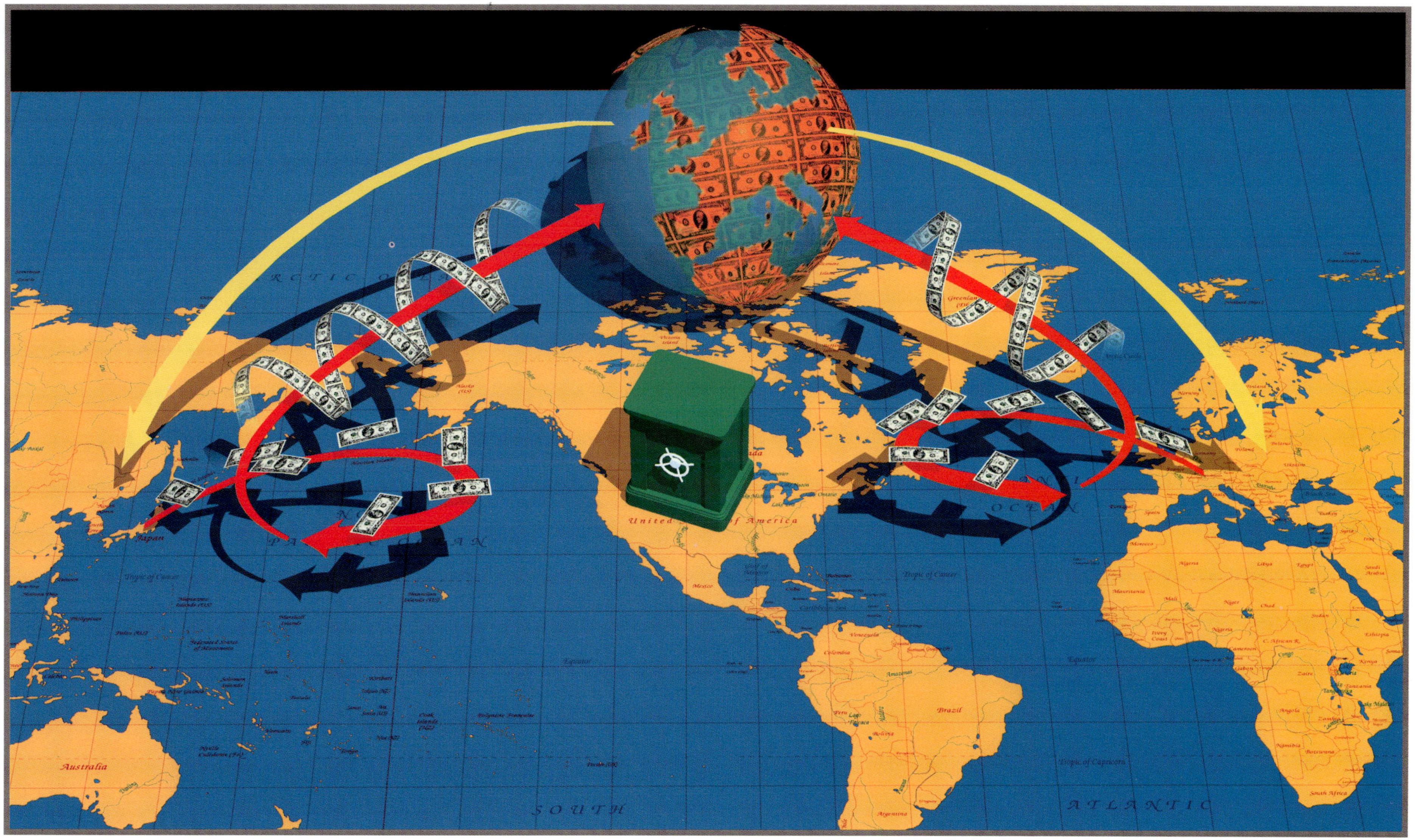

Les États-Unis se protègent contre le retour chez eux des dollars détenus à l’étranger. Ils veulent se préserver d’une crise due à un déferlement de dollars dans leur économie intérieure. Les détenteurs de dollars déposent ceux-ci dans des banques européennes qui les placent auprès d’emprunteurs. Ces prêts en monnaies étrangères échappent au contrôle des autorités monétaires. Celles du pays d’émission ne sont pas concernées par des prêts qui ne sont pas effectués sur leur territoire et celles des pays où les prêts sont conclus ne peuvent agir sur une monnaie qui n’est pas la leur. Il se crée ainsi une sphère financière complètement indépendante des États. Le secteur financier prête des capitaux bon marché puisqu’ils échappent aux réglementations restrictives des États, ce qui rend les eurodollars encore plus attractifs.

Volume annuel
des transactions boursières
(en milliards de dollars)

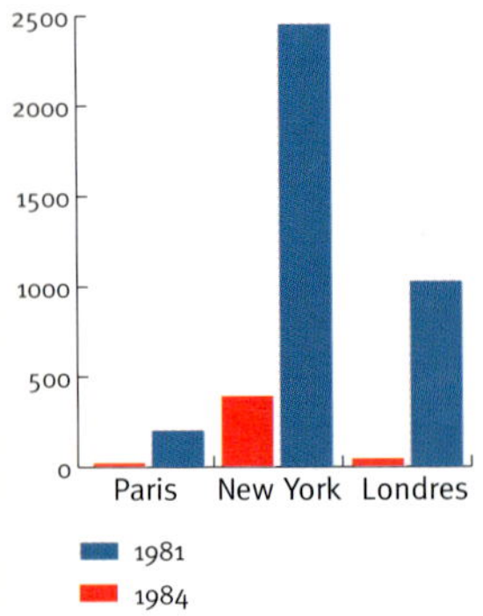

Source : O. Piot

en faveur des financiers. Les politiques adoptées aux États-Unis et en Grande-Bretagne au début des années 80, pendant les années Reagan et Thatcher, ont été suivies pour l'essentiel par tous les pays occidentaux, avec un décalage plus ou moins long. Les dirigeants anglo-saxons n'ont fait que donner leur nom à des évolutions qui, de toute manière, n'auraient pas pu être évitées. Les États nationaux n'avaient plus les moyens de lutter contre les marchés financiers, libérés de leur joug depuis la création des euro-marchés. Ronald Reagan et Margaret Thatcher ont simplement compris qu'en accélérant chez eux la dérégulation de l'économie et de la finance, ils se rendraient plus désirables vis-à-vis des capitaux flottants. Pour les USA, engagés au début des années 80 dans une forte relance de l'industrie militaire, il fallait également financer les déficits publics au moindre coût.

L'objectif des États est alors devenu progressivement non plus de favoriser les débiteurs et les salariés, et d'assurer une redistribution équitable des richesses, comme durant les Trente Glorieuses, mais au contraire de déréglementer leurs économies pour attirer les capitaux nomades.

La toute-puissance des marchés

Les marchés financiers opèrent désormais les régulations économiques et sociales, en fonction des exigences de rentabilité des capitaux. Il est devenu nécessaire d'uniformiser les règles, pour que les capitaux puissent circuler librement sur la planète et s'investir là où ils espèrent trouver la meilleure rentabilité. Ce fut l'objectif en particulier de l'Uruguay Round, la grande négociation internationale qui supprima les obstacles à l'unification des marchés. L'Organisation mondiale du commerce a ainsi été créée en 1995, devenant le point de référence du libre-échangisme.

Tel est le système dans lequel nous sommes progressivement entrés à partir des années 80, que nous appelons « mondialisation » et que les Anglo-Saxons appellent « globalisation ». C'est une économie de créanciers : le prêteur est en position de force pour imposer au débiteur une rentabilité maximale de l'argent qu'il lui fournit. Les taux d'intérêt relatifs, défalqués de l'inflation, ont beaucoup augmenté. L'économie n'est plus soumise à l'État, mais régulée par le niveau des taux d'intérêt, qui dépend de la loi de l'offre et de la demande sur les marchés financiers et donc de la rentabilité

L'afflux des pétro-dollars

L'augmentation brutale des prix du pétrole en 1973 provoque un afflux considérable de dollars dans les caisses des pays de l'OPEP. Ceux-ci les déposent dans les banques occidentales, faisant grossir d'un seul coup la sphère financière des euro-marchés, car les richesses que leur apporte soudainement la rente pétrolière sont trop importantes pour être employées chez eux. Ces capitaux ne sont plus contrôlés. Ils sont bon marché, abondants et disponibles pour se réinvestir sans difficulté.

offerte dans chaque pays pour les capitaux.
Une masse gigantesque de capitaux passe chaque jour de main en main sur les marchés des changes. Elle représente aujourd'hui 1300 milliards de dollars par jour : presque cinq fois le budget annuel d'un État comme la France… Cette échelle de grandeur est complètement déconnectée de l'économie réelle puisque les exportations mondiales de biens et services ne représentent que 18 milliards de dollars par jour, c'est-à-dire soixante-dix fois moins. Les masses financières se déplacent sans contrainte, simplement limitées par le décalage horaire, auquel la connexion électronique supplée partiellement. Ces capitaux sont en quête de la meilleure rentabilité possible, quasiment au jour le jour. Les détenteurs de capitaux mettent systématiquement les débiteurs en position de concurrence les uns envers les autres. Pour bénéficier des meilleures conditions d'emprunt, les entreprises doivent donc alléger leurs coûts, pour offrir des rémunérations importantes et rapides aux investisseurs. C'est pourquoi les actions d'une entreprise peuvent monter lorsqu'elle procède à des licenciements massifs. Avec moins de personnel, la société dégagera plus de profits pour ses actionnaires. Elle devient aussitôt plus attirante pour les investisseurs.

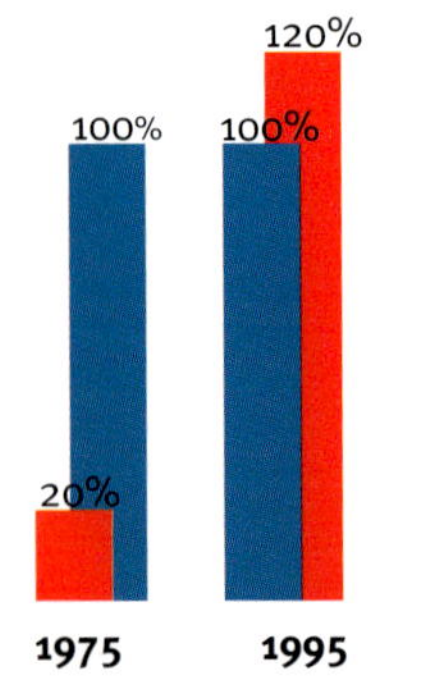

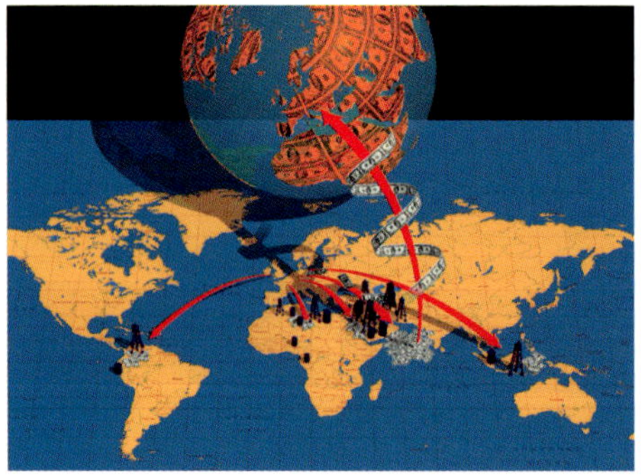

Une véritable révolution

Plus généralement, le souci de rentabilisation à court terme devient incompatible avec les politiques étatiques de régulation telles que nous les avons connues jusqu'au début des années 80. Les exigences économiques et sociales dont l'État-Providence a été le promoteur sont peu à peu reléguées au rang de vieilles lunes. Cela n'a d'ailleurs pas empêché les déficits des administrations publiques d'augmenter, en particulier à cause des dépenses engagées pour soutenir la croissance et l'emploi. Les déficits publics ont obligé les États à emprunter des sommes chaque année plus importantes sur les marchés financiers. Le remboursement de la dette est devenu l'un des premiers postes de dépenses. Aux États-Unis, le déficit public est ainsi passé de 0,5 % du PNB entre 1977 et 1981, à 3,5 % entre 1982 et 1986. La marge de manœuvre des pouvoirs publics s'est inexorablement réduite.
En vingt ans, une véritable révolution s'est ainsi accomplie sous nos yeux, sans que nous en ayons pris la véritable

mesure ni tiré toutes les conséquences. L'État reste, dans notre esprit, investi en matière économique d'une puissance et d'un rôle qu'il n'a plus et qu'il ne retrouvera plus. Les marchés financiers sont pour nous une abstraction, un monde à part, alors qu'ils sont tout simplement devenus notre monde.

Le moteur de la spéculation

La finance domine aujourd'hui les autres secteurs économiques et sociaux. Tous les acteurs économiques doivent s'adresser à des marchés financiers afin d'obtenir des capitaux : les États pour leurs déficits, les entreprises pour leur développement, les particuliers pour leur retraite, etc. Ces marchés s'auto-organisent et imposent leurs règles à leurs débiteurs. Le ressort naturel de la finance, c'est la spéculation, c'est-à-dire la recherche d'un gain par un pari sur un événement futur. L'argent ne sert plus à financer le développement économique et social. La finance est devenue parasitaire. Elle exige toujours plus de gains pour elle-même. Le système économique est désormais soumis à un jeu de balancier, dont l'arbitrage appartient entièrement aux investisseurs financiers. L'économie dépend à tous les niveaux de capitaux spéculatifs, parce que la dérégulation générale rend l'instabilité permanente.

Quiconque prend une décision économique et financière doit spéculer sur une évolution imprévisible. La spéculation s'est ainsi étendue aux opérations destinées à couvrir l'ensemble des risques de gestion. La précarité des équilibres économiques s'est développée. La dérégulation commerciale, c'est-à-dire l'abaissement et la suppression des barrières douanières, s'est généralisée. Quelle sera la valeur d'une marchandise dans six mois, si sa monnaie d'achat fluctue ? Quel sera le niveau des taux d'intérêt dans un an ? Ces questions, cruciales pour les entreprises, sont insolubles par nature, puisque l'instabilité générale rend illisible l'évolution des marchés. L'activité industrielle et commerciale a pourtant besoin d'un cadre stable pour s'épanouir. Il est difficile d'investir des centaines de millions de francs dans une usine pour fabriquer des produits dont la rentabilité peut évoluer de manière radicale en fonction des aléas monétaires et financiers.

Mais le coup de génie du système financier est d'avoir fourni lui-même les outils de gestion destinés à neutraliser cette

L'importance des marchés de gré à gré (en milliards de dollars)

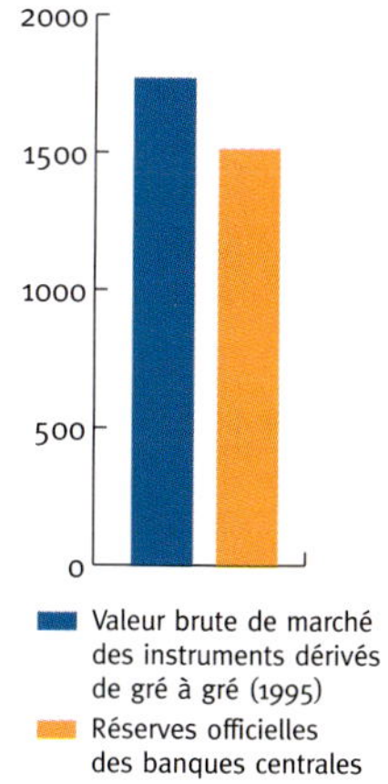

Une économie virtuelle
(en milliards de dollars)

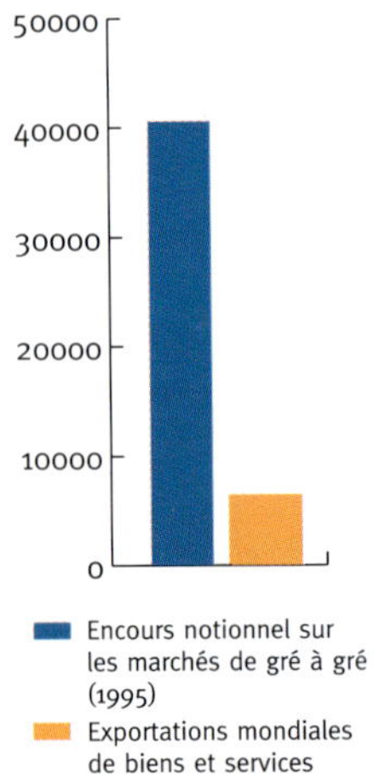

incertitude. Il administre ainsi à la fois le poison et le vaccin. Les marchés ont inventé une multitude d'instruments pour se prémunir contre les risques de la vie économique et financière. A peu près tous les aléas et toutes les incertitudes imaginables peuvent être garantis par des instruments financiers. Une entreprise veut-elle assurer son portefeuille d'actions contre une baisse des cours, ou les obligations qu'elle détient contre une hausse des taux? Doit-elle faire face à un risque qu'aucune compagnie d'assurances ne veut couvrir? Elle peut se protéger contre une perte éventuelle, en ayant recours au marché financier, sur lequel elle trouvera un opérateur prêt à prendre le risque à sa charge contre le paiement d'une prime.

Par un étonnant paradoxe, le système actuel fabrique donc, à la fois, l'incertitude et l'instabilité des situations – qui sont indispensables à la spéculation – et les moyens de neutraliser cette incertitude – en rémunérant des spéculateurs. Personne ne sait aujourd'hui comment interrompre le cercle vicieux. D'autant que les spéculateurs ont besoin de trouver d'autres spéculateurs pour couvrir leur propre risque, et cela à l'infini.

Se protéger des risques financiers

L'origine des marchés à terme remonte au XIXe siècle. Les producteurs de céréales américains, qui voulaient se protéger contre les variations des prix des matières premières, vendaient leurs récoltes à l'avance, à un prix convenu, qui ne pouvait plus être modifié quelle que soit l'évolution future des cours. La technique a été étendue aux devises en 1972, par l'introduction de ce que l'on a appelé les *futures* sur devises au Chicago Mercantile Exchange, le marché à terme de Chicago.

Dans un contrat futur sur devises, le vendeur cède des devises pour un prix convenu à un acheteur, l'échange s'opérant plus tard, à la date d'échéance fixée par le contrat. Le contrat est irrévocable quelle que soit la variation des devises, entre la date de conclusion du contrat et celle de l'échéance.

Depuis vingt-cinq ans, les marchés ont généralisé le principe en l'appliquant désormais à toutes sortes d'actifs financiers. On peut vendre à terme, à un prix irrévocable, non seulement des devises, mais aussi des actions, des obligations, et même des taux d'intérêt ou encore des indices boursiers, qui

L'autonomie de la finance

Les euro-banques, qui ont reçu les dollars de l'OPEP, prêtent ces capitaux aux pays industrialisés et à des pays en voie de développement, en Amérique latine, en Asie et à quelques pays africains. Les investissements que permettent ces capitaux ne sont pas toujours utiles ni judicieux et, de toute façon, ils rendent les économies débitrices de la sphère financière internationale. Or la croissance se ralentit, parfois régresse. Les pays débiteurs et les États, même dans les pays industrialisés, s'endettent lourdement et deviennent de plus en plus dépendants de la sphère financière.

Évolution des marchés des instruments financiers dérivés

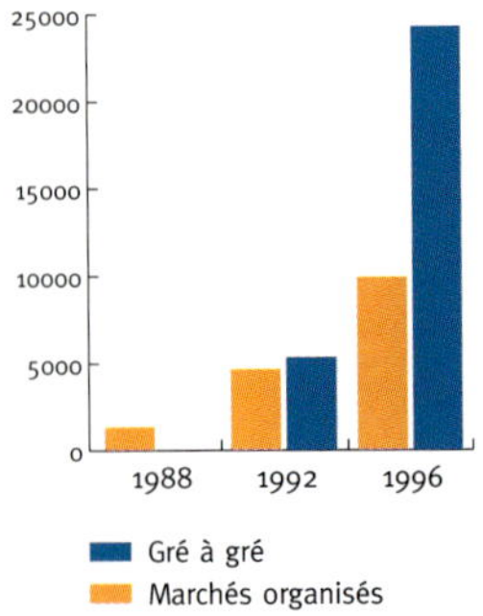

Source : BRI

La machine économique de l'après-guerre

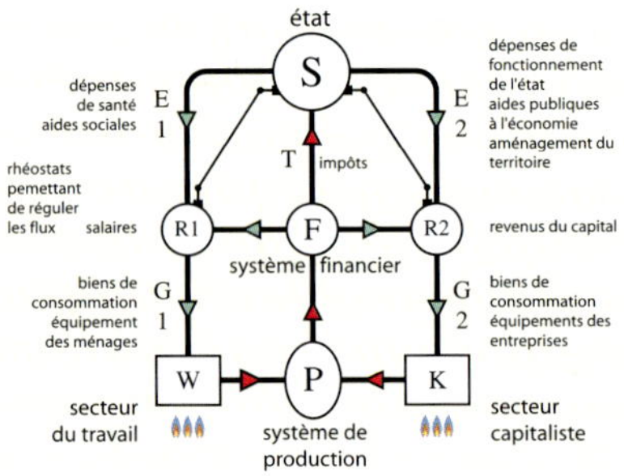

n'ont aucune existence réelle puisqu'ils ne représentent qu'un panier théorique de valeurs cotées en bourse (à Paris le Cac 40 ; à Tokyo le Nikkei ; à New York le Dow Jones ; à Londres le FT 100 ; à Francfort le Dax 30, etc.).

Comment peut-on « vendre de l'indice », par exemple, et à quoi cela peut-il servir ? Prenons le Cac 40, un indice calculé à partir des plus importantes capitalisations de la place de Paris, dont la moyenne des cours est censée rendre compte de l'évolution de l'ensemble des valeurs cotées à Paris. Cet indice est négocié sur un marché appelé le Matif.

L'acheteur d'un contrat sur indice Cac 40 s'engage auprès de la chambre de compensation (Matif SA) à acquérir, à un prix et à une échéance convenus, l'équivalent virtuel d'un portefeuille composé des quarante valeurs de l'indice. En pratique, cependant, les deux parties vont échanger de simples liquidités.

Quel est l'intérêt d'une telle opération ? Prenons le cas d'une entreprise qui dispose pour ses placements d'un portefeuille de valeurs représentatives de la Bourse de Paris, d'un montant de soixante millions de francs. Si le cours du Cac 40 baisse par exemple de 5 %, la valeur de son portefeuille baisse à peu près dans la même proportion. Justement, cette entreprise craint une baisse de la Bourse de Paris entre le mois de janvier, où la cote du Cac 40 est de 3000 points, et le mois de mars. Cette entreprise veut se protéger contre la dépréciation de son portefeuille. Elle décide donc en janvier de vendre « cent contrats à 3000 à fin mars ». Cela signifie que l'entreprise paiera à fin mars la valeur de l'indice au cours du marché à cette date, mais qu'elle recevra en échange une somme d'ores et déjà convenue au cours de 3000 points. La valeur d'un point d'indice est de 200 francs. Cent contrats à indice 3000, cela représente donc soixante millions de francs.

Si l'indice cote 2850 points au cours de compensation de l'échéance de mars, l'entreprise recevra trois millions de francs qui représentent la différence de valeur entre cent contrats à 3000 et cent contrats à 2850. Son portefeuille de titres a baissé dans les mêmes proportions que l'indice Cac 40. Mais comme elle reçoit trois millions de francs, elle peut reconstituer ses placements sans subir de perte.

En revanche, si l'indice Cac 40 monte pour s'établir à 3150 points à fin mars, l'entreprise doit verser trois millions de francs à l'échéance. Mais comme son propre portefeuille s'est accru parallèlement dans les mêmes proportions, rien n'a bougé pour elle. Par ce système, l'entreprise réussit à neutraliser les effets de l'évolution de la Bourse. La seule obligation qu'elle a eue consistait à verser un dépôt initial de garantie (et le cas échéant des appels de marge quotidiens pour compenser l'évolution des cours de clôture). La contrepartie, qui opère en sens opposé, accepte pour sa part un risque de perte contre une espérance de gain, ce qui est le mécanisme de base de la spéculation.

Avec le même mécanisme, l'entreprise qui veut se garantir contre la variation des cours d'une devise, des taux d'intérêt ou d'un actif quelconque, peut ainsi «vendre» son risque à un spéculateur, «acheteur» professionnel de risque. Si le risque à couvrir est standard, le vendeur pourra s'adresser à un marché à terme réglementé comme le Matif en France, le Liffe à Londres, le Topix à Tokyo, le Simex à Singapour, etc. S'il n'existe pas de produit financier standard pour répondre à sa demande, l'entreprise s'adressera au marché de gré à gré, où elle établira avec son «acheteur» un contrat spécifique répondant exactement à son besoin. C'est pourquoi, pour obtenir plus de stabilité individuelle, chacun contribue à rendre le système global plus incertain. L'existence de risques imprévisibles est la raison d'être des spéculateurs.

La maîtrise du risque

La capacité d'adaptation des marchés n'est limitée que par l'imagination des financiers. Prenons le cas d'une entreprise française qui prévoit de lancer une production de cent mille articles à destination des États-Unis, dont le prix de vente unitaire sera de cent francs. Il s'agit d'un marché de dix millions de francs. Ses clients américains sont prêts à conclure immédiatement l'accord. Les transactions sont libellées en dollars. Si le paiement s'effectue immédiatement, alors que le dollar vaut par exemple 5 francs, le fabricant français peut compter sur un chiffre d'affaires de 2 millions de dollars. Mais les marchandises ne seront payées qu'à la livraison, dans six mois. La valeur du dollar à ce terme est une inconnue importante. Si la devise américaine se déprécie par rapport au franc, l'entreprise aura gagné moins d'argent en francs qu'elle ne le prévoyait. Si le dollar s'est apprécié, l'entreprise en aura gagné

Capitalisation boursière
(en milliards de dollars)

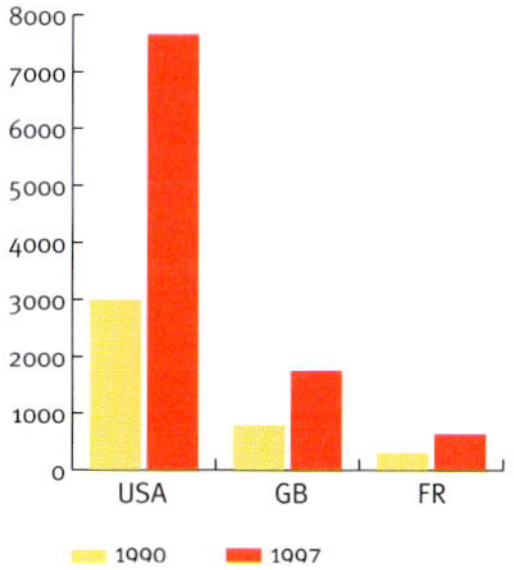

Source : Expansion

plus au moment de convertir ses dollars en francs.

L'exportateur français ne veut pas spéculer lui-même sur la hausse ou la baisse du dollar. Il ne peut pas se permettre de perdre sa marge bénéficiaire sur un coup de dés. Il doit se garantir au moment de la signature du contrat contre les variations de change. C'est pourquoi il cherche un spéculateur qui accepte de prendre ce risque à sa charge. Il peut se contenter de conclure un contrat de change à terme. Il lui suffit d'acheter des francs sur le marché des changes au cours de 5 francs contre 1 dollar, livrables dans six mois. Quand il recevra le règlement du contrat à 2 millions de dollars, il les échangera contre les 10 millions de francs sur lesquels il comptait (commission de change déduite). Quelle que soit la variation du cours du dollar pendant les six mois qui se seront écoulés, il ne gagnera ni ne perdra.

Capitalisation des cinq premières Bourses mondiales (en milliards de dollars)

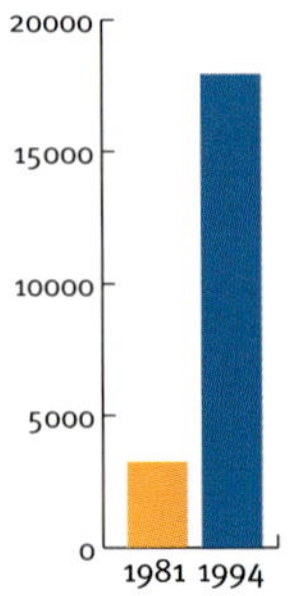

Source : O. Piot

Mais cet exportateur peut tenir un autre raisonnement, s'il pense par exemple que le dollar, qui vaut 5 francs, ne vaudra plus que 4 francs dans six mois : « Pourquoi ne pas tenter une opération spéculative avec les dollars que j'aurai dans six mois, dans laquelle je perdrai un peu si je me suis trompé, mais où je pourrai gagner beaucoup si j'ai visé juste ? » Plutôt que d'acheter ses francs à terme, il décide alors d'acquérir une « option d'achat », que les opérateurs appellent un « call ». Cette option lui donnera le droit – mais non l'obligation – de recevoir des francs contre des dollars, au cours de 5 francs par dollar dans six mois. En contrepartie, il paiera par exemple une prime de 0,20 franc par dollar.

A l'échéance, si le dollar vaut plus de 5 francs, il aura perdu son pari. Il ne « lèvera » pas son option puisqu'il pourra acheter plus de francs au cours du marché que ne le lui permettrait son option. Il aura tout au plus perdu, dans l'opération, le montant de sa prime. Mais si le dollar a baissé et vaut moins de 5 francs, l'exportateur devient gagnant puisqu'il peut « lever » son option, c'est-à-dire exiger la livraison des francs au cours d'exercice de l'option, soit 5 francs. Si le cours du dollar sur le marché des devises est de 4 francs comme il le prévoyait, son option lui aura en effet permis de gagner 1 franc par dollar, moins la prime versée (0,20 franc), soit 0,80 franc. Supposons que, par prudence, l'entreprise n'ait pas voulu mettre tous ses œufs dans le même panier. Elle a acheté une partie des francs à terme, et

La machine économique (1945-1975)

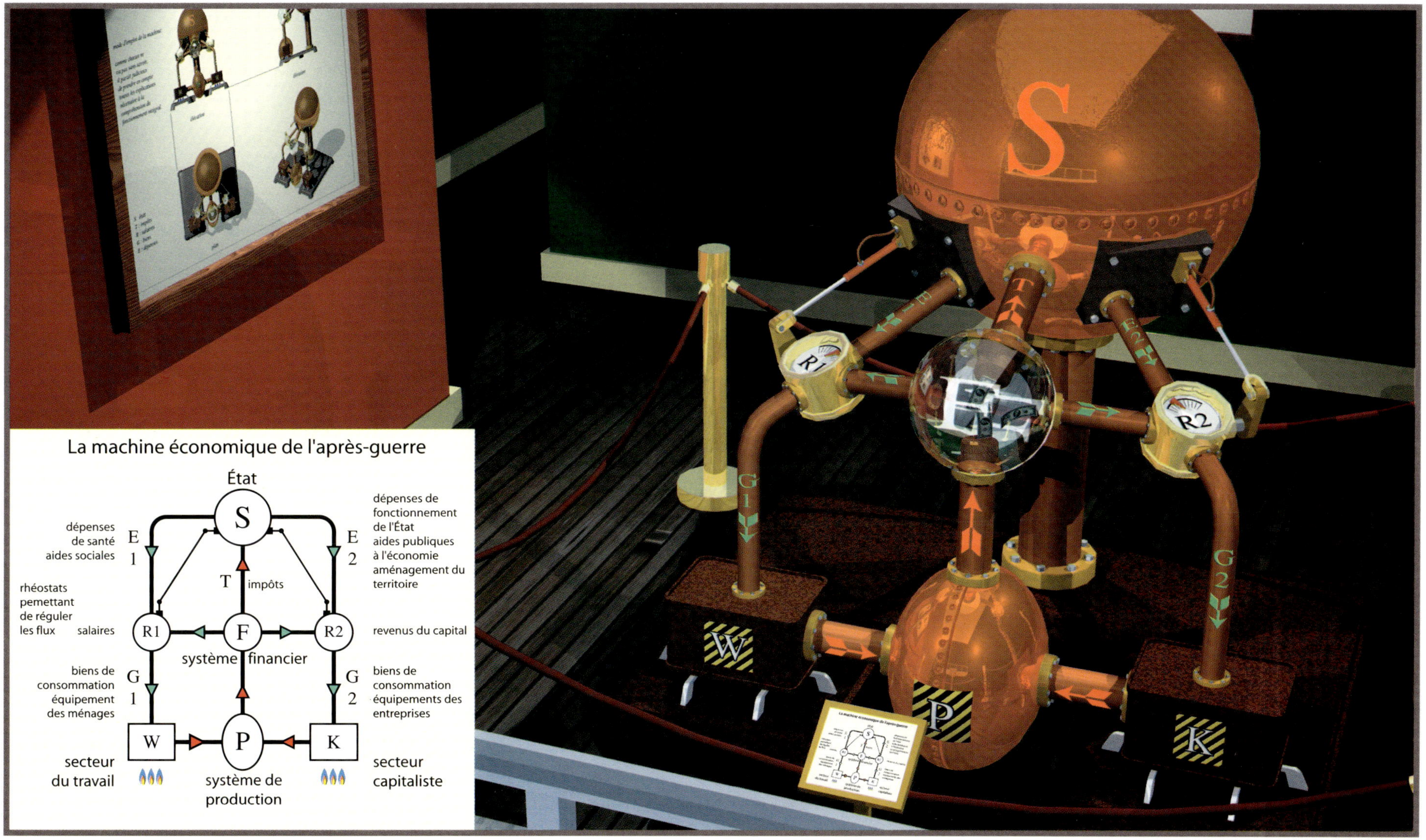

L'ordre économique et social instauré dans les pays occidentaux après la guerre repose sur un double principe : l'encadrement de l'économie pour assurer une production de masse, et la mise en place de l'État-Providence pour favoriser une consommation de masse. Les fruits de la croissance doivent être redistribués de la façon la plus harmonieuse possible entre les entreprises pour qu'elles améliorent leur productivité et se développent, et les salariés dont l'amélioration du pouvoir d'achat doit soutenir la croissance économique. Dans tous les pays, cet arbitrage se fait plus ou moins directement par l'État. Celui-ci, par les instruments de contrôle dont il dispose, effectue les régulations économique, sociale et financière, en fonction des objectifs de développement qu'il détermine ou auxquels il est associé.

«Call»

L'ACHETEUR

... a le droit d'acquérir l'actif au prix d'exercice

Actif sous-jacent :
- devises
- actions
- indices boursiers
- etc.

LE VENDEUR

... s'oblige à vendre l'actif au prix d'exercice si l'acheteur exerce son option

pour le reste elle a acquis une option portant sur l'achat de 100 000 francs pour 20 000 dollars. Elle aura versé, pour l'achat de ce call, une prime de (20 000 multiplié par 0,20 F) 4000 francs, qui sera le montant maximum de sa perte possible. Mais si le dollar baisse effectivement à 4 francs comme prévu, l'entreprise pourra obtenir 100 000 francs en échange de ses 20 000 dollars alors qu'elle n'aurait reçu, au cours du marché, que 80 000 francs. Son gain net sera ainsi de (100 000 F – 80 000 F) – 4 000 F : 16 000 francs. On voit là l'intérêt de ce type d'opération sur ce qu'on appelle les produits dérivés : avec une somme de 4 000 francs, l'entreprise qui a spéculé sur la hausse du franc a gagné 16 000 francs, soit quatre fois le montant de sa mise. C'est cet effet de levier qui fait tout l'attrait de la spéculation sur les marchés dérivés.

Imaginons maintenant une entreprise française qui doit payer dans six mois 10 millions de dollars à un fournisseur américain. A la date de sa commande, le dollar vaut 5 francs, mais l'entreprise française craint une baisse du franc par rapport au dollar dans les mois à venir. Elle estime par exemple que, dans six mois, le dollar vaudra 6 francs. Ainsi, si elle achète immédiatement les dollars avec lesquels elle devra payer sa commande dans six mois, elle devra débourser 50 millions de francs. Dans six mois, si le dollar est monté à 6 francs, elle devra acheter ses devises 60 millions de francs. Il n'est évidemment pas question d'immobiliser 50 millions de francs pendant six mois, uniquement pour se protéger d'une hausse éventuelle du dollar. L'entreprise française peut donc acheter ses dollars à terme, mais elle peut aussi acquérir une option de vente de ses francs en dollars, qui lui donnera le droit – et non l'obligation – de vendre par exemple 50 millions de francs contre 10 millions de dollars dans six mois. Cette option de vente s'appelle un «put», c'est l'opération exactement inverse du «call».

Les options d'achat ou de vente peuvent s'appliquer sur les marchés à terme, et concerner aussi bien les valeurs mobilières, les taux d'intérêt ou tout autre actif financier. En combinant les techniques entre elles, chacun peut ainsi jouer comme il l'entend selon son aversion au risque. On peut par exemple acheter à la fois un call et un put, portant sur le même actif sous-jacent, et aux mêmes conditions de prix d'exercice et d'échéance. Cette double opération,

«Put»

L'ACHETEUR

... a le droit de vendre l'ac au prix d'exercice

Actif sous-jacent :
- devises
- actions
- indices boursiers
- etc.

LE VENDEUR

... s'oblige à acheter l'acti au prix d'exercice si l'acheteur exerce son optio

La machine financière (1975-1998)

L'État décline et laisse la sphère financière, hypertrophiée, exercer les régulations économiques et sociales qu'il n'a plus les moyens d'assumer. Le souci des marchés financiers n'est pas de redistribuer les richesses produites par l'économie, mais d'assurer sa propre croissance.

appelée «straddle», est tout simplement équivalente, en terme de risque, à l'achat d'un sous-jacent à terme puisqu'on ne peut ni perdre ni gagner (sauf les primes à verser).

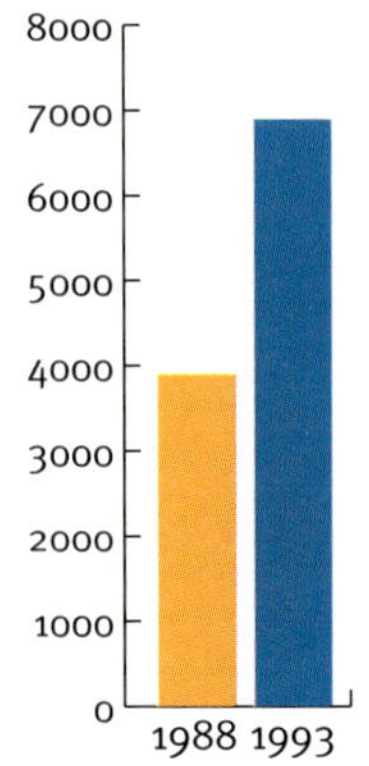

Source : O. Piot

L'échange des risques ou des avantages

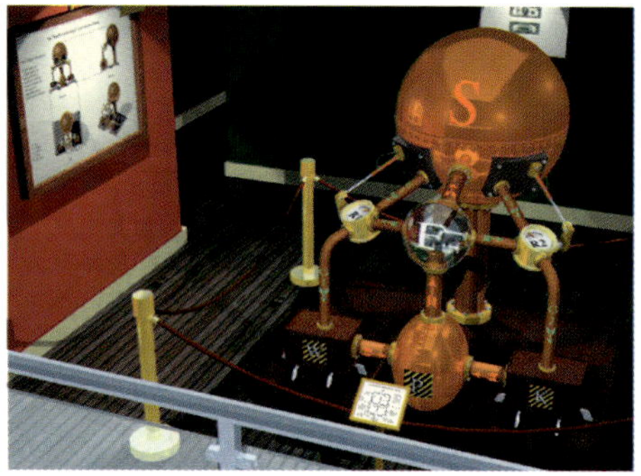

Autre technique de couverture, le swap est un échange d'actifs ou de flux financiers. Le contrat est irrévocable et comporte des obligations réciproques de la part de chacune des deux parties. Là encore, les swaps s'appliquent à toutes sortes d'opérations financières. On peut s'échanger des créances ou des dettes, des devises, des taux d'intérêt…

Prenons l'exemple d'une entreprise américaine qui peut obtenir un prêt de sa banque d'un million de dollars à 6 %. De l'autre côté de l'Atlantique, une entreprise française peut obtenir un prêt de 5 millions et demi de francs également à 6 %, le cours du dollar étant de 5,5 francs contre un dollar. Chacune des deux entreprises, bien implantée dans son marché et bien notée par son banquier, bénéficie d'un taux d'intérêt favorable, qu'elle n'aurait pu obtenir dans d'autres conditions. Si l'entreprise française avait dû s'adresser à une banque américaine, elle n'aurait pu espérer un taux d'intérêt inférieur, par exemple, à 7 %. De la même manière, l'entreprise américaine en France aurait conclu un prêt à des conditions moins avantageuses. Cependant, l'entreprise française a besoin de dollars pour acheter des actions sur le marché américain, tandis que l'entreprise américaine a besoin de francs pour investir sur le marché français. Elles pourront «swapper» leur dette, c'est-à-dire qu'elles s'échangeront leur emprunt, et chacune remboursera à l'autre les intérêts et le capital qu'elle doit à son banquier.

International Computer (l'entreprise américaine) recevra 5 millions et demi de francs de *Carte à puces* (l'entreprise française), et lui versera en échange un million de dollars. *International Computer* versera à *Cartes à puces* le montant du capital et les intérêts annuels dus sur la somme qu'elle a reçue et réciproquement.

Ainsi, dans la réalité, chaque entreprise bénéficiera du prêt consenti par le banquier de son partenaire, à des conditions qu'elle n'aurait pu elle-même obtenir.

«Swap»

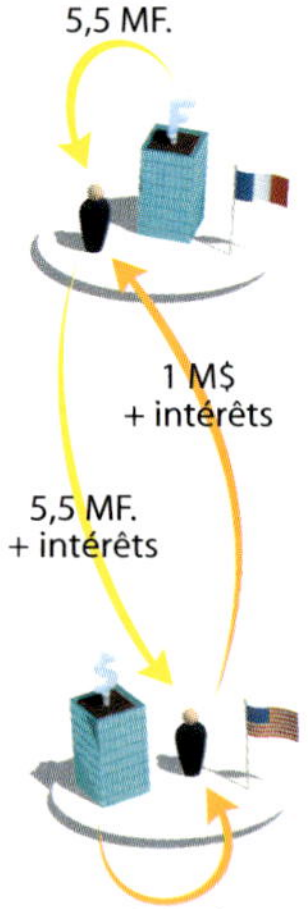

Une économie casino

Il faudrait un véritable catalogue et le recours aux formules mathématiques les plus complexes pour rendre compte du développement de ces techniques, au départ assez simples. L'essentiel est de comprendre le moteur de la finance moderne. Les marchés sont nés de la croissance des échanges extérieurs, de l'existence de masses financières énormes (les euro-dollars, les pétro-dollars, les fonds de placement de retraites par capitalisation) et des besoins de financement des États et des entreprises. Le développement exponentiel de ces capitaux flottants a rendu le commerce de l'argent à la fois indispensable et périlleux. Chaque opérateur se trouve aujourd'hui devant un éventail presque infini de possibilités, combinant achat à terme, call et put, swap, etc. Des logiciels de calcul et la révolution technologique ont rendu ces opérations de plus en plus immatérielles. Les fonds de pensions, qui gèrent l'argent des actifs américains ou japonais, peuvent ainsi déplacer et démultiplier, presque immédiatement, au gré de l'évolution des marchés, des sommes colossales.

Évolution de la capitalisation des sociétés du Cac 40 en un an

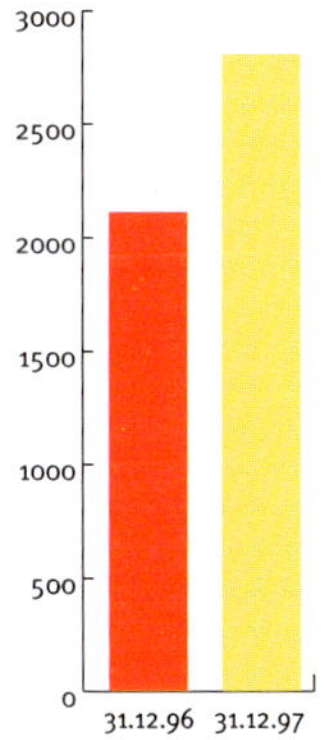

Source : *Le Monde*

L'argent va à l'argent. Le développement des marchés financiers a créé un formidable appel d'air. Le brassage de l'argent fabrique de l'argent. Il existe aujourd'hui des années-lumière entre une entreprise non cotée en Bourse, qui produit et vend sur son sol, et une société internationale qui facture dans des dizaines de devises et dont les actions varient à chaque heure sur toutes les places financières du monde. Un ensemble de dispositifs s'est mis en place au niveau mondial pour favoriser la circulation des capitaux flottants. Les paradis fiscaux et bancaires, dans les années d'après guerre, étaient des soupapes pour la politique, l'économie et la finance. En somme, de simples caisses noires. Mais l'ordinateur, les satellites et l'émergence des marchés financiers ont donné une ampleur sans précédent à ces places bancaires. La libéralisation des marchés a transformé les paradis bancaires et fiscaux en point de passage obligé pour les capitaux, quelle que soit leur origine.

Le monde de 1998 n'a plus rien à voir avec celui de 1978. L'Angleterre fabrique un quart de sa richesse avec l'activité de la City. Les titres échangés à la Bourse de Paris représentaient en 1975 20 % du budget de l'État contre 120 %

quinze ans plus tard. La finance spéculative est devenue le moteur de fait de l'économie mondiale. A peine plus de 1 % des devises échangées chaque jour dans le monde sont utilisées par le commerce traditionnel, c'est-à-dire l'échange de marchandises ou de services.

Qui aujourd'hui oserait s'opposer à la finance spéculative ? Ce serait vouloir arrêter la mer avec ses bras. La figure de George Soros est devenue un emblème, d'autant plus qu'il a l'habileté d'accompagner ses activités de pur spéculateur financier de quelques actions humanitaires, charitables ou culturelles qui désamorcent les critiques. La spéculation est donc devenue une activité comme une autre, et même plus utile qu'une autre, puisque toutes les autres en dépendent.

La puissance des fonds de pension

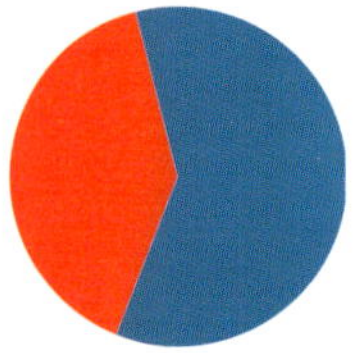

La démocratie en péril

La finance spéculative, en deux décennies, a imposé sa logique à toutes les autres considérations politiques, économiques et sociales. Il lui faut toujours plus d'argent et toujours plus de liberté. Les conventions internationales de libre-échange se succèdent. Chaque année, de nouvelles contraintes sont abolies et le marché devient toujours plus global. La bonne santé financière d'un pays ou d'une entreprise, la retraite d'un salarié américain ou japonais, dépendent aujourd'hui de millions de décisions spéculatives, prises au même moment, d'un bout à l'autre de la planète. Les marchés se nourrissent de l'argent : celui des pensions, de l'épargne, des emprunts, du développement des pays émergents, mais aussi celui de l'évasion fiscale organisée, de la corruption, des mafias et du commerce de la drogue. Car l'argent en circulation n'a ni couleur, ni odeur, ni véritable propriétaire. La course en avant est-elle une fuite en avant ? Personne n'est en mesure de répondre.

On comprend alors pourquoi la lutte contre le crime organisé et l'argent sale est aussi inefficace partout dans le monde. Une véritable répression devrait remettre en cause les principes mêmes de la mondialisation financière en tant que système autorégulé, supérieur à toutes les autres instances politiques, économiques et sociales. Installés aux commandes de l'État-Providence, les hommes et les femmes politiques n'ont plus que des manettes qui donnent dans le vide.

L'argent ne dort jamais

place boursière	plage d'ouverture GMT	durée d'ouverture commune
LONDRES		
		02 h 30'
NEW-YORK		
		06 h 30'
CHICAGO		
		-02 h 00'
SYDNEY		
		02 h 00'
TOKYO		
		01 h 00'
HONG-KONG		
		03 h 55'
SINGAPOUR		
		03 h 00'
BAHREIN		
		02 h 00'
PARIS		
		07 h 00'

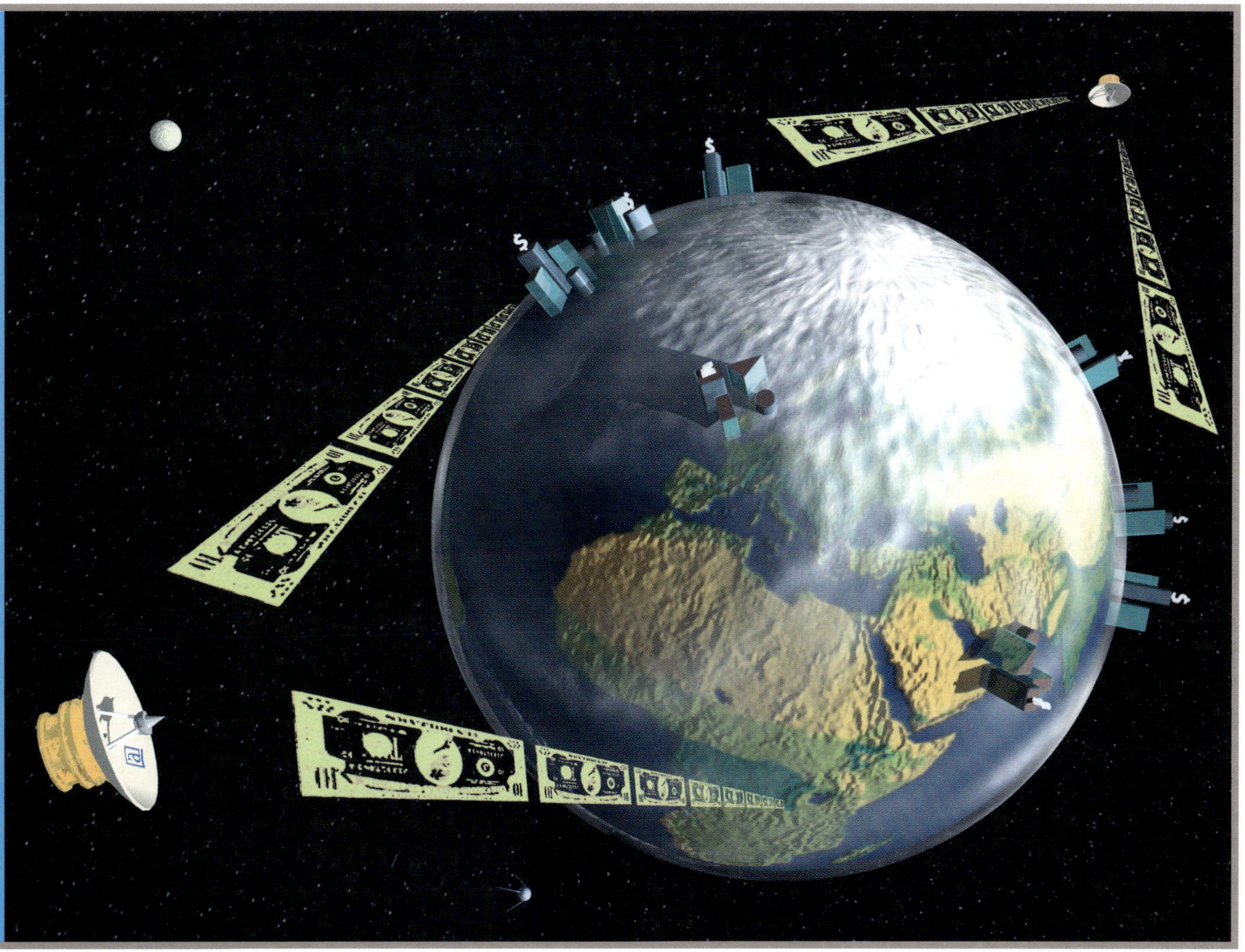

Les marchés financiers, relayés par l'informatique et les satellites, ne s'arrêtent jamais. Les énormes capitaux qu'ils brassent font la ronde autour de la planète pour se placer instantanément là où leur rémunération est la plus favorable. Ils se retirent aussi vite, quand ils craignent une baisse de leur rentabilité.

>>> L'économie

criminelle

Le crime, une économie de taille mondiale

Une évidence saute aux yeux, mais son énoncé même reste tabou : la finance moderne et la criminalité organisée se renforcent mutuellement. Elles ont toutes les deux besoin, pour se développer, de l'abolition des réglementations et de la suppression des contrôles étatiques. La criminalité organisée s'est prodigieusement développée depuis vingt ans. Selon l'ONU, l'économie de la drogue, à elle seule, représente aujourd'hui 8 % du commerce mondial. L'argent sale emprunte les mêmes circuits que ceux de la finance spéculative.

Évaluer la taille de l'économie criminelle est un préalable, mais en même temps une gageure. On ne peut guère, dans ce domaine, fournir que des estimations. Mais il n'est pas nécessaire de forcer les chiffres ou de gonfler les calculs pour mesurer le défi lancé aux démocraties.

L'argent de la drogue

Le secteur le mieux connu de l'économie criminelle est celui des trafics de drogue. Et pourtant… Si chacun sait à peu près dans quels pays se situent les cultures de pavot et de cocaïers, l'étendue ou le volume des récoltes restent difficiles à évaluer. Le cannabis, qui produit le chiffre d'affaires mondial le plus élevé, est encore plus mal connu. De multiples inconnues s'ajoutent les unes aux autres : la qualité variable des produits finis, les pertes subies par les trafiquants, le volume des stocks qu'ils ont constitués, etc.

Par ailleurs, si la cocaïne est essentiellement produite en Amérique du Sud, ce qui facilite l'observation du marché criminel, il n'en va pas de même de l'héroïne, qui provient, outre l'Amérique du Sud, de deux autres zones très protégées : le Triangle d'or en Asie du Sud-Est, le Croissant d'or en Asie centrale. Quant aux psychotropes chimiques – le LSD, les amphétamines (dont l'ecstasy), etc. –, leurs modes de fabrication et leurs circuits sont totalement obscurs. Du coup, le calcul des quantités de drogues produites s'avère délicat.

La situation est aussi trouble à l'autre bout de la chaîne, à propos des quantités vendues au détail ou du chiffre d'affaires global du marché. Le dernier «Rapport mondial sur les drogues» de l'ONU publié en 1997 avoue son désarroi :

Les zones de production et les routes de la drogue

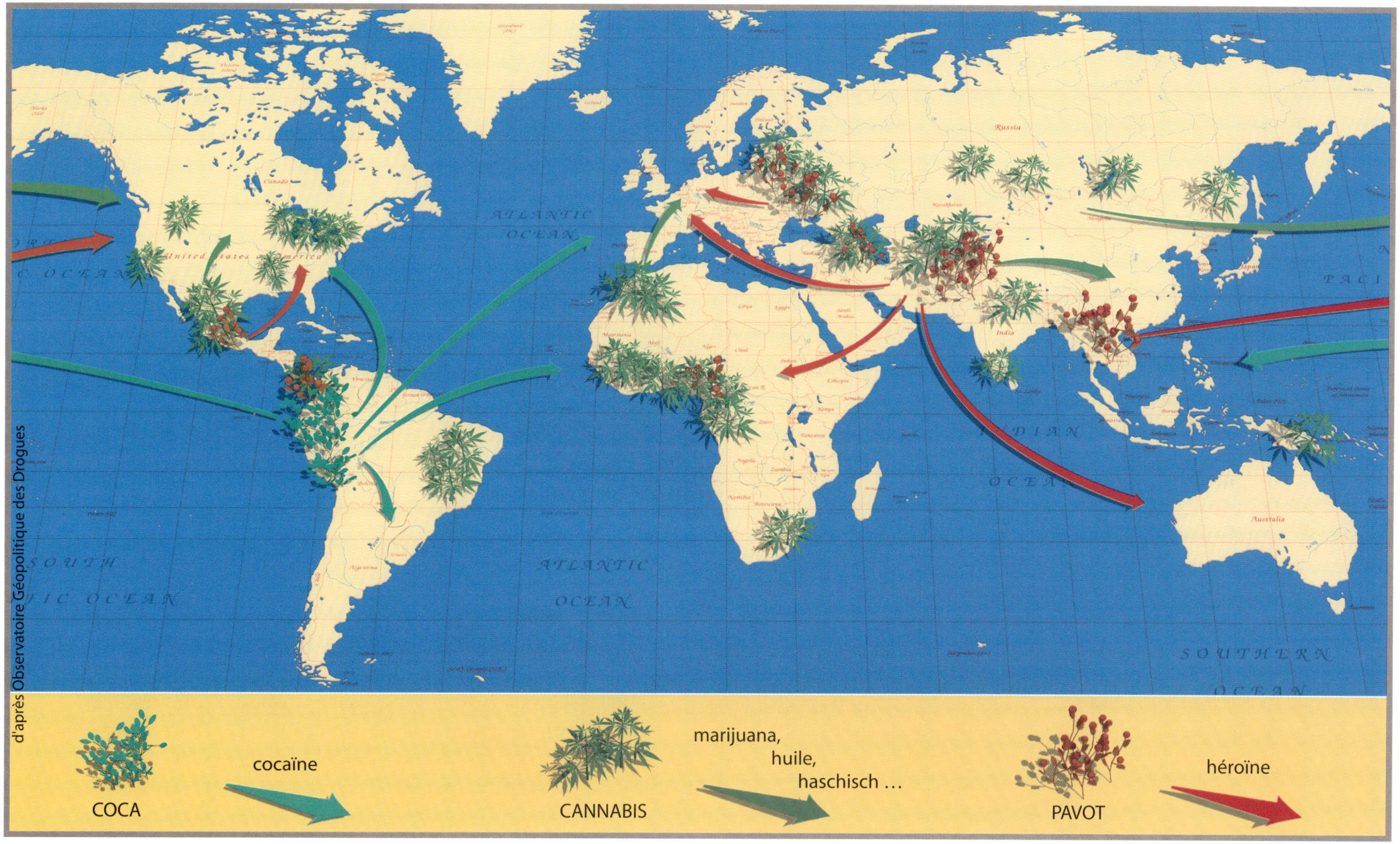

Les zones de production de la coca et du pavot sont assez bien connues. La coca est récoltée uniquement en Amérique du Sud, d'où elle est exportée dans le monde entier et principalement aux USA. Le pavot, à partir duquel sont fabriqués l'opium puis l'héroïne, est cultivé principalement en Asie centrale dans le Croissant d'or, en Asie du Sud-Est dans le Triangle d'or, et plus récemment en Amérique du Sud. Le cannabis pousse souvent à l'état sauvage, dans de nombreuses régions. Sa production est mal déterminée car il fait souvent l'objet d'une consommation locale. Les routes de la drogue sont multiples et approvisionnent tous les continents.

Consommateurs
de drogues
(en millions)

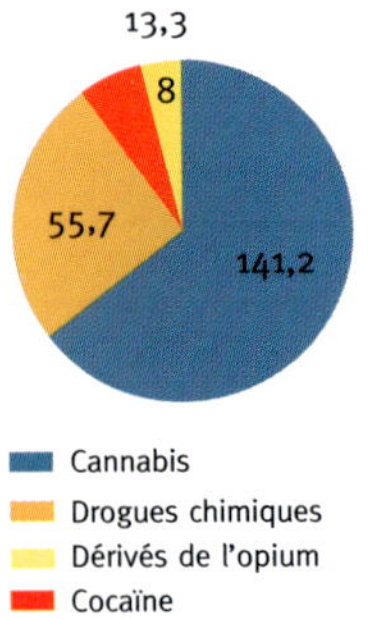

Source : World Drug Report UNIDCP, Oxford University Press, 1997

«Peu de pays disposent de ce qu'on pourrait considérer comme des études scientifiques valides, internationalement comparables.» En fin de compte, l'ONU estime «vraisemblablement» mais «officieusement» entre 3,3 % et 4,1 % de la population mondiale le nombre de consommateurs de drogues illicites, soit environ 218 millions de personnes.

Quel est malgré tout le chiffre d'affaires global du marché de la drogue dans le monde? Les trafiquants ne livrent pas leurs statistiques et les autorités gouvernementales n'ont jamais mobilisé leurs moyens de calcul pour percer le mystère. Toutes les méthodes pour évaluer l'impact économique du marché de la drogue sont donc indirectes. Les fourchettes que donnent les estimations présentent parfois des écarts si importants qu'elles en perdent une grande part de leur intérêt. Il faut donc se contenter de repères relatifs.

L'Observatoire géopolitique des drogues, dont les avis font référence, évaluait pour 1996 la production de cocaïne entre 800 et 1 200 tonnes, celle d'opium à 4 500 tonnes (dix kilos d'opium permettant de fabriquer un kilo d'héroïne), celle de cannabis exploserait sans qu'on puisse fournir de chiffres même approximatifs. Par ailleurs on ne donne jamais non plus d'estimation globale du marché des psychotropes chimiques, trop mal connus; on sait simplement qu'ils sont entrés en force dans le marché des drogues.

En 1990, le Gafi, qui est l'organisme créé par le G7 pour lutter contre le blanchiment de la drogue au niveau international, s'était livré à l'évaluation des flux financiers. Il donnait le chiffre d'affaires total de 122 milliards de dollars. Mais ce chiffre ne concernait que les États-Unis et l'Europe, il sous-estimait la consommation réelle dans ces pays et excluait la résine de cannabis et les drogues de synthèse. La fourchette était donc particulièrement basse. Le Gafi concluait lui-même son évaluation par cette remarque : «Il n'est pas inconcevable que le total de la valeur ajoutée de toutes les ventes à tous les niveaux atteigne vraiment les quelque 300 milliards de dollars qu'avancent les responsables de plusieurs pays.»

Depuis 1990, le Gafi n'a pas renouvelé ses évaluations. Du côté des organisations internationales les estimations les plus récentes se situent dans une fourchette située entre 300 et 500 milliards de dollars de chiffre d'affaires annuel sur le marché de détail. Le rapport annuel de l'ONU de 1997 propose ainsi le chiffre de 400 milliards de dollars. Le directeur du Programme des Nations unies pour le contrôle international des drogues, Giorgio Giacomelli, se réfère à l'estimation de 500 milliards de dollars. Les experts s'accordent généralement sur ces chiffres. Le plus raisonnable paraît la médiane de 400 milliards de dollars. Ce sera le nôtre.

Valeur moyenne d'un kilo de drogue vendu au détail

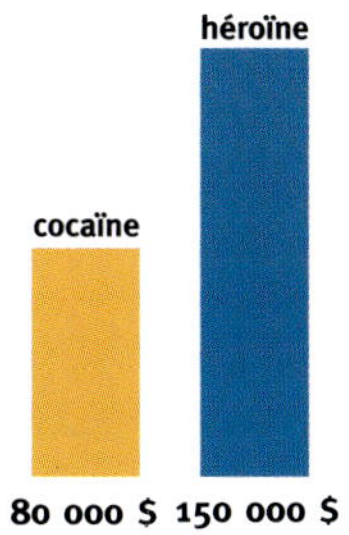

Une activité bien intégrée

Ce chiffre d'affaires de 400 milliards de dollars ne donne qu'une représentation parcellaire de la place de la drogue dans l'économie mondiale. Il ne peut rendre compte à lui seul du fonctionnement de l'économie illégale. On peut être tenté de penser en effet que les trafics de stupéfiants et les opérations qui s'y rattachent sont clandestins et nettement distincts du fonctionnement du reste de l'économie. Ce serait une erreur redoutable.

« Nous avons affaire à un phénomène économique rationnel et à des industries bien structurées dont l'organisation et le mode de décision sont semblables à leurs homologues de l'économie licite. Les marchés illégaux ont beaucoup en commun avec leurs homologues légaux. On y trouve des acheteurs et des vendeurs, des grossistes et des détaillants, des intermédiaires, des importateurs et des distributeurs. Ils ont des structures de prix, des bilans, des profits et, moins souvent, des pertes. Les acteurs engagés dans les activités illicites apparaissent motivés par les mêmes facteurs que ceux qu'on attribue aux hommes d'affaires honnêtes ; ils recherchent et réinvestissent les profits le plus élevés possible », explique Pino Arlacchi, le directeur de l'Office des Nations unies pour le contrôle de la drogue et la prévention du crime, et l'un des meilleurs spécialistes mondiaux du crime organisé.

Ce qui est vrai pour la drogue l'est aussi pour les armes, les trafics d'espèces protégées, la fausse monnaie, l'exploitation des êtres humains (prostitution, travail clandestin, filières d'immigration illégales), etc. Les organisations criminelles s'adaptent aisément à la mondialisation financière et à la libre circulation des biens et des personnes. Elles peuvent mêler sans difficultés leurs activités illicites à d'autres filières tout à fait légales et investir en particulier dans les marchés financiers. Elles disposent pour cela de capitaux importants. On peut donc, sans être déraisonnable, considérer que le chiffre d'affaires mondial de l'ensemble des activités illicites des organisations criminelles, le Produit criminel brut (PCB), n'est pas inférieur au double de celui des stupéfiants, c'est-à-dire à 800 milliards de dollars.

Les amphétamines
(en millions de dollars)

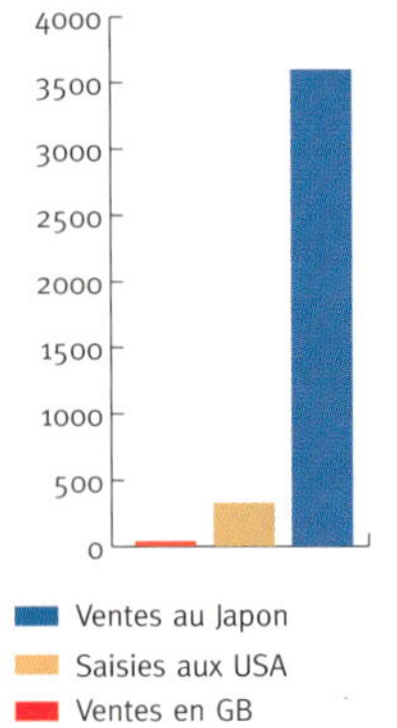

Chiffres 1988, source GAFI

La contamination de toute l'économie

Mais ces chiffres, si impressionnants soient-ils (le PCB représente quand même près de 15 % du commerce mondial!), ne disent pas tout. Le plus important est même ce qu'ils ne disent pas : l'économie criminelle est intimement liée à l'économie légale. La mise en œuvre d'un trafic nécessite impérativement aujourd'hui de coordonner les activités illégales avec des activités légales. Pour détourner des aides de la Communauté européenne, une organisation mafieuse doit constituer une société commerciale, parfois même tout un groupe de sociétés, qui produisent des biens ou des services réels, dans une parfaite légalité apparente. Un cartel de la drogue ne peut mettre en place ses infrastructures et sa logistique, puis réinvestir ses profits sans disposer de tout un éventail de sociétés et de comptes en banque. Il doit s'appuyer sur des industriels, des commerçants, des intermédiaires et des courtiers, des conseils, des financiers, des avocats... aux allures rigoureusement honnêtes, ou en tout cas suffisamment pour faire illusion.

Une activité criminelle organisée est donc une nébuleuse d'individus, de sociétés commerciales, parfois d'associations privées, aux statuts les plus divers. Les uns sont parfaitement clandestins, et leurs activités sont purement criminelles. D'autres ont une façade impeccablement honnête. Un circuit économique criminel ressemble donc de plus en plus à un groupe d'entreprises, et même à une branche d'activités, qui fonctionnent grâce à une division du travail très semblable à celle de l'économie légale. Il y a, dans les trafics de stupéfiants, des paysans qui cultivent le pavot ou récolte la coca, des ouvriers qui font fonctionner les laboratoires, des services de sécurité, des ingénieurs et des techniciens, des agents commerciaux, des banquiers, des conseils juridiques, des transporteurs, des comptables, etc. Certains constituent le noyau opaque de l'organisation criminelle, mais la plupart gravitent tout autour jusqu'à se

La gamme des activités illégales

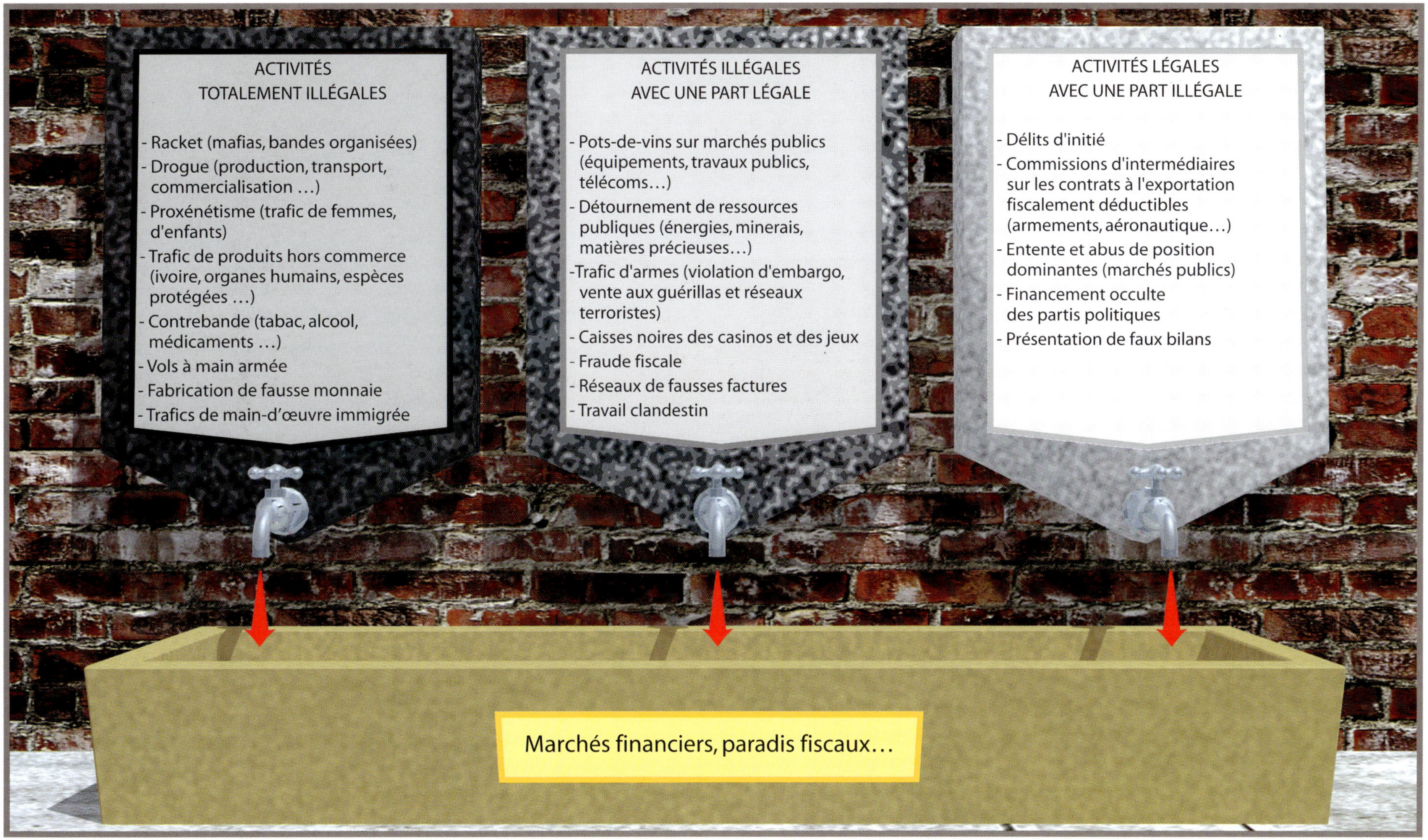

L'économie illégale n'est pas seulement composée d'activités purement criminelles, comme le trafic de drogue, les enlèvements et toutes les autres activités de la délinquance organisée traditionnelle. D'une part, en effet, les organisations criminelles diversifient leurs activités illégales dans de nombreux secteurs de moindre intensité criminelle, comme la fraude sur les adjudications de marchés publics. D'autre part, des entreprises du secteur légal se livrent elles-mêmes à des activités illégales, parfois délinquantes, comme la fraude fiscale ou la corruption politique. L'ensemble de ces pratiques illégales et criminelles utilisent les mêmes circuits de blanchiment et de dissimulation de l'argent, et ont recours aux mêmes intermédiaires et aux mêmes techniques : paradis fiscaux, sociétés fiduciaires, marchés financiers, etc.

Le poids du PCB dans l'économie (en milliards de dollars, chiffres 1996)

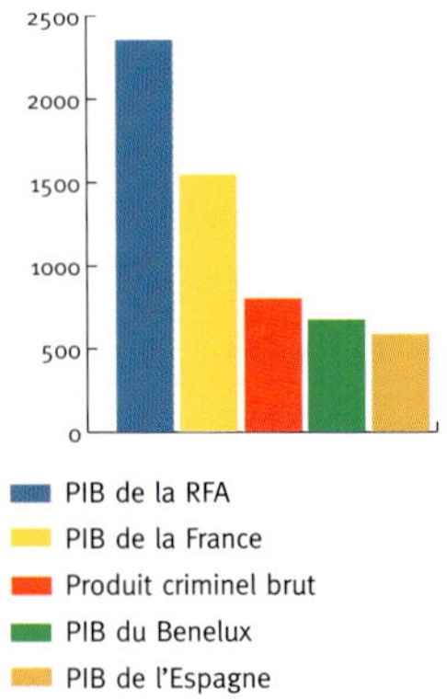

fondre dans l'économie légale où ils ont parfois les statuts les plus honorables.

L'industriel, l'avocat, le banquier, l'assureur, le policier, le fonctionnaire qui mettent leur savoir, leur pratique ou leur pouvoir au service du crime organisé sont des « criminels à temps partiel ». C'est au travers de leur exercice professionnel qu'ils basculent dans la délinquance, et non en s'en écartant.

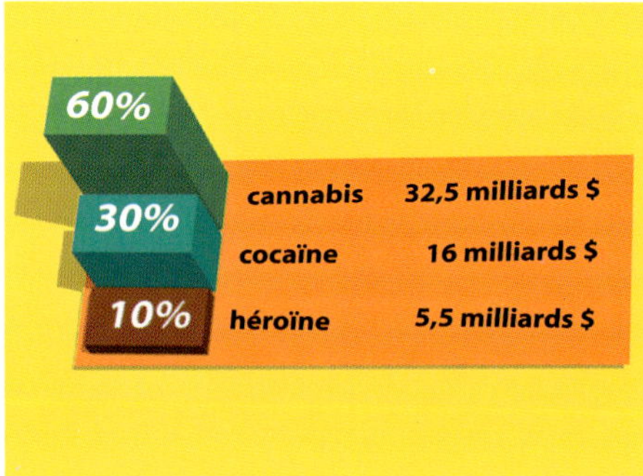

L'avocat ne commet pas lui-même un enlèvement pour obtenir une rançon, mais il peut soudoyer un gardien de prison, un policier ou un juge, menacer des témoins, dissimuler des preuves ou servir d'intermédiaire en profitant de la protection que lui accorde son statut ; le banquier ne participe pas au trafic de drogue mais, s'il ne ferme pas les yeux sur l'origine de l'argent qu'il blanchit, le trafiquant ne pourra jamais recycler ses profits dans les marchés financiers. Le chiffre d'affaires du crime rémunère toutes ces prestations annexes mais indispensables à la réalisation du profit criminel.

Pour être exhaustif, il faudrait donc prendre en compte la face tout à fait légale de l'économie criminelle. Quand un cartel de la drogue rachète une compagnie d'aviation pour exporter ses produits vers les pays consommateurs, il faut bien que cette compagnie fonctionne aussi comme une vraie compagnie. Cette façade honnête n'est donc pas entièrement fictive et elle peut aussi être rentable. Elle génère des gains légaux qui se fondent avec l'argent criminel dans les mains des organisations mafieuses, qui détiennent les rênes de l'une et de l'autre. Selon les juges italiens, la moitié des revenus de la Mafia provient d'activités dont les apparences sont licites.

Des profits considérables

Sur les 400 milliards de dollars du chiffre d'affaires de la drogue, on peut ainsi estimer que 180 milliards sont destinés à rémunérer globalement les trafiquants et les professionnels de la société légale qui collaborent avec les organisations criminelles ; 120 milliards « seulement » reviennent directement aux organisations criminelles, et sont susceptibles d'être ensuite blanchis dans l'économie légale.

Pour les autres activités criminelles, l'estimation du blanchiment est plus délicate. Le racket, le détournement

La répartition des profits de la drogue

RÉPARTITION DU PRIX DE 1 KG DE DROGUE

Agents	%	cocaïne 80 000$ (3)	héroïne 150 000 $ (3)
Producteurs	1%	1 000 $	1 500 $
Biens et services	15%	12 000 $	22 500 $
OCZP (1)	15%	12 000 $	22 500 $
OCZC (2)	19%	15 000 $	28 500 $
Revendeurs	50%	40 000 $	75 000 $

(1) OCZP : organisations criminelles des zones de production.

(2) OCZC : organisations criminelles des zones de consommation.

(3) L'estimation est une approximation moyenne au niveau mondial les prix effectifs pouvant varier selon les marchés.

CHIFFRE D'AFFAIRES DE LA DROGUE : 400 MILLIARDS $

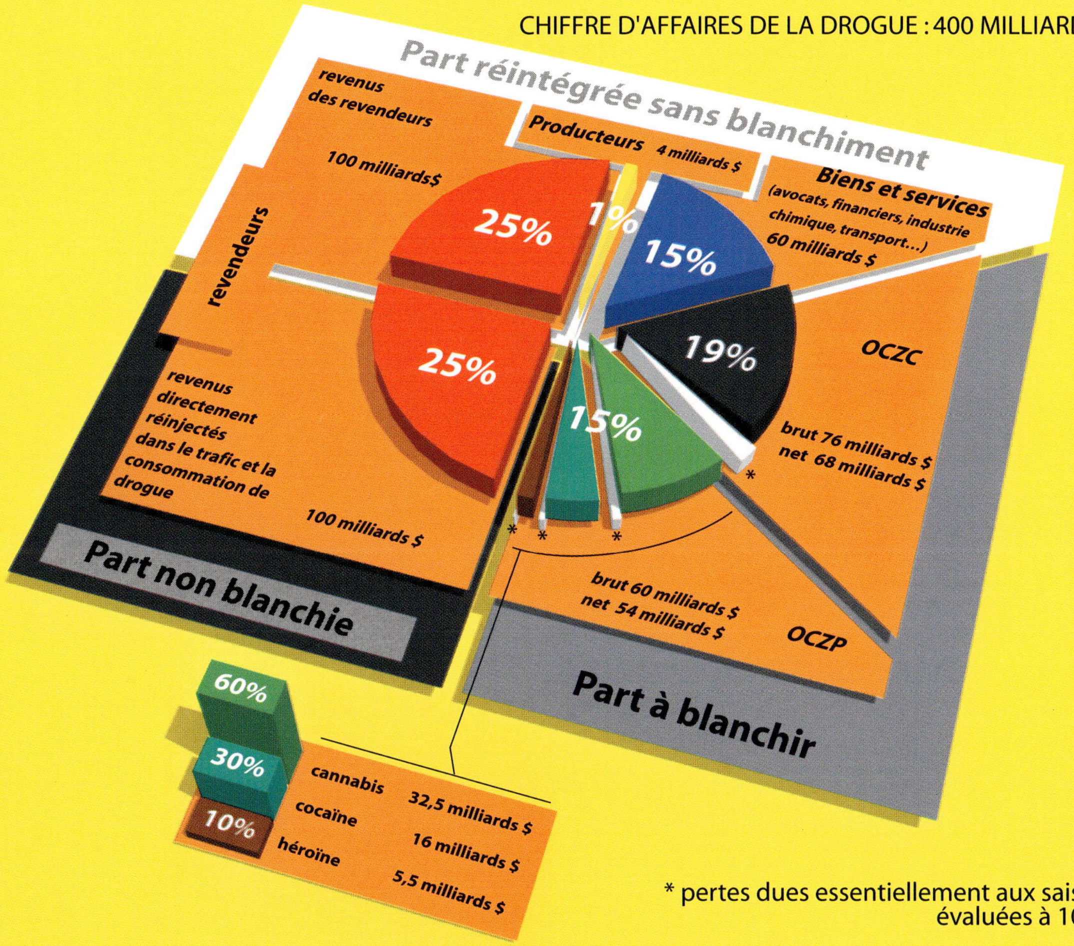

* pertes dues essentiellement aux saisies, évaluées à 10 %.

Comment se répartissent les profits du trafic de drogue ? La moitié est consommée par les revendeurs situés au bas de l'échelle, qui sont incapables d'accumuler les revenus de leur trafic, et utilisent une grande partie, sinon la totalité, de leurs bénéfices pour se réapprovisionner. Deux groupes profitent largement des revenus des trafics : les mafias des pays consommateurs, essentiellement les pays industrialisés, et les intermédiaires légaux qui apportent une aide indirecte aux trafiquants : juristes, conseillers financiers, banquiers, entreprises qui fournissent les produits chimiques et les moyens logistiques, politiciens et fonctionnaires corrompus, etc. De ces deux groupes, seul le premier est obligé de blanchir son argent par des moyens frauduleux, puisque les intermédiaires « légaux » n'ont généralement pas besoin de dissimuler les revenus de leur activité au service du crime organisé. En fin de compte, la société « légale » est largement bénéficiaire de l'économie criminelle.

des biens publics, les escroqueries informatiques, les trafics d'armes, d'espèces animales protégées ou même d'êtres humains… supportent en effet des coûts variables dus à la corruption et à diverses charges annexes (par exemple, l'entretien des prostituées, la rémunération des travailleurs clandestins, les dépenses logistiques et les investissements, etc.) mais l'ensemble de ces coûts n'absorbe sans doute pas plus de 50 % de ce revenu.

Répartition des profits des activités criminelles autres que la drogue (en milliards de dollars)

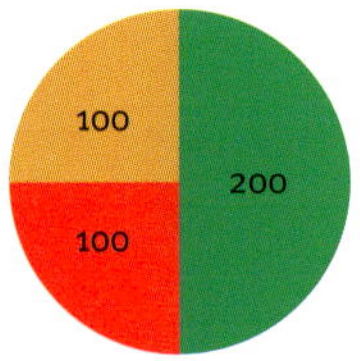

Dès lors, on peut raisonnablement considérer que l'argent susceptible d'être blanchi chaque année dans le monde par les organisations criminelles organisées représente un minimum de 320 milliards de dollars. Pour évaluer ce qui retourne dans l'économie légale, il faudrait y ajouter les 160 milliards de dollars encaissés pour leur propre compte par les complices de la société légale qui apportent leur concours au fonctionnement de ces organisations. A ces chiffres, il faudrait encore adjoindre les revenus «légaux» des organisations mafieuses, dont la part ne cesse d'augmenter. Si l'on considère que les 160 milliards des complices «dans-la-loi» n'ont pas besoin d'être blanchis puisqu'ils sont gagnés sans se cacher, il reste 320 milliards de dollars de profits occultes (au minimum) qui sont réintégrés dans les circuits de l'économie et de la finance légales. C'est pourquoi Pino Arlacchi n'exagère pas, quand il évalue à un milliard de dollars par jour le montant des profits du crime injectés dans les marchés financiers du monde entier. Encore faudrait-il, également, prendre en considération l'effet de levier de ces sommes, c'est-à-dire leur pouvoir corrupteur sur le reste de l'économie, et leur accumulation. En dix ans, sans compter les revenus de ces sommes, ce sont au bas mot 3000 milliards de dollars qui ont été accumulés par les mafias dans le monde.

Une nouvelle économie politique

«Le temps est donc dépassé où les actes de délinquance pouvaient être considérés comme des déviances isolées, composées d'actions bien identifiables et aisément imputables», commente un magistrat italien de l'Unité de coordination de la lutte antifraude de la Commission européenne, Alberto Perduca. Les criminalités organisées, poursuit-il, sont «enchevêtrées en profondeur dans la

La drogue : une économie intégrée

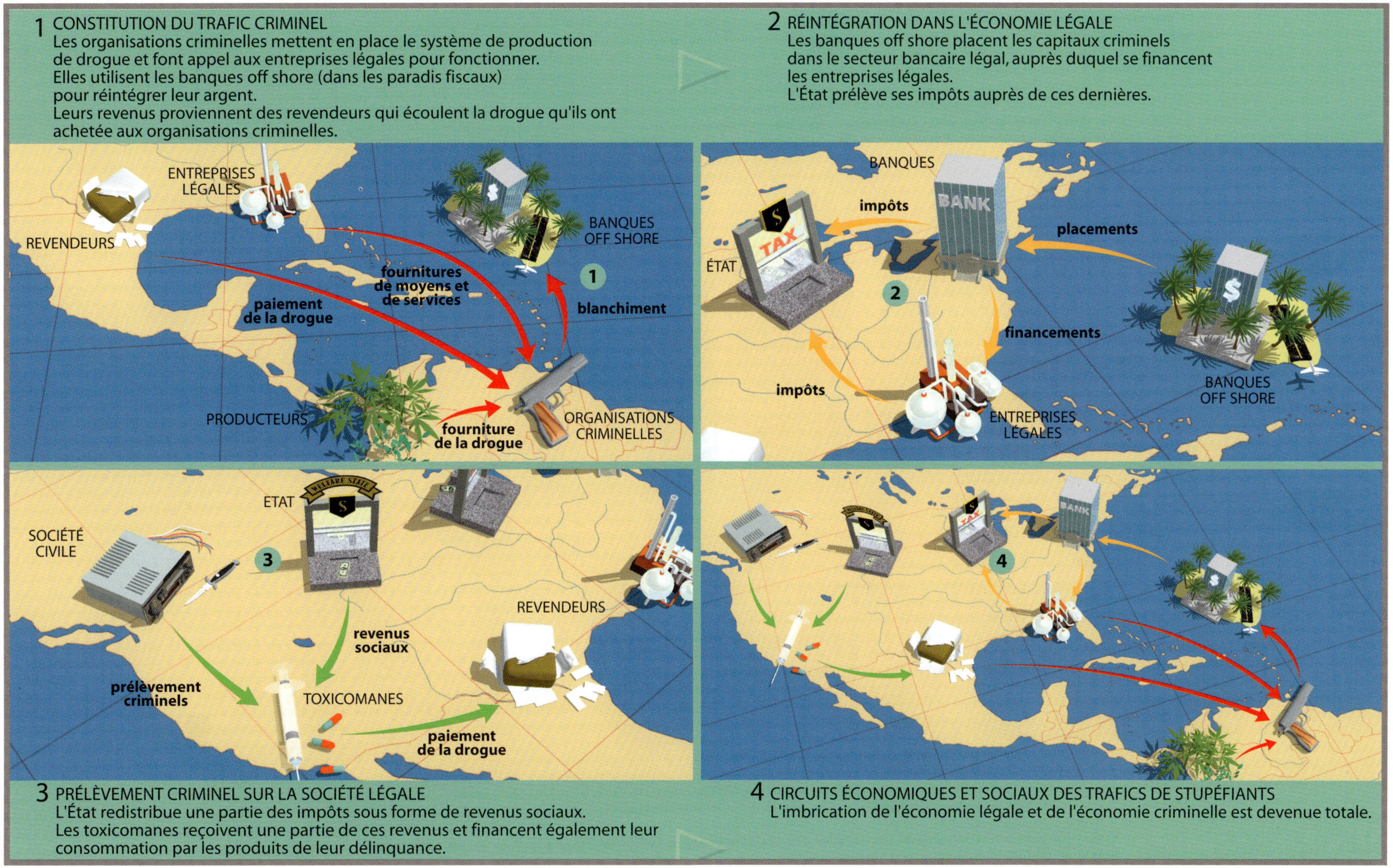

L'économie de la drogue, plus que n'importe quelle autre, a réalisé la jonction à la fois avec l'économie légale, à travers les banques et les entreprises qui lui permettent de fonctionner, et avec les catégories criminelles inférieures, celles de la « petite » et « moyenne » délinquance qui offrent les effectifs des consommateurs et des revendeurs. Chacun participe à l'économie de la drogue et contribue à drainer les fabuleux profits qu'elle dégage vers ceux qui dominent le marché : les mafias, et leurs soutiens de la société « légale ».

Réserves en devises
des banques centrales
et profits cumulés
des mafias
(en milliards de dollars)

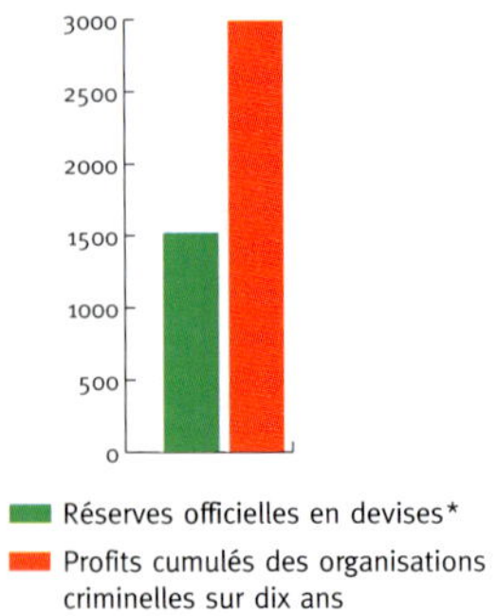

* Source : BRI

réalité politique, institutionnelle et économique de notre temps. Les organisations criminelles visent à exercer – surtout par le biais de la violence, de la corruption et de la fraude – des positions d'influence qui s'opposent aux pouvoirs dans un État de droit et donc elles doivent être considérées comme de véritables contre-pouvoirs».

Face à ce défi qui menace leur légitimité, les responsables politiques et économiques se taisent. Quelques déclarations solennelles sur l'inquiétante puissance des organisations criminelles transnationales, quelques conventions internationales sur le blanchiment, le trafic de drogue ou la corruption signées en grande pompe, mais souvent aussi vite oubliées ou mollement appliquées, quelques réunions épisodiques d'experts ou de ministres tiennent lieu de politique de lutte contre la grande criminalité, et surtout d'alibi commode à une passivité générale.

Une économie rationelle

Pourquoi cette passivité, cette désinvolture presque complices ? Parce que le paysage criminel est très différent de celui qu'on s'imagine d'ordinaire. Les activités du crime organisé s'insinuent partout où elles peuvent trouver leur profit, en effaçant les frontières entre le légal et l'illégal, le licite et l'illicite, l'honnête et le criminel. Les organisations les plus puissantes diversifient leurs activités et se recomposent de manière plus flexible. Dans le crime comme dans l'économie officielle, l'évolution du monde condamne les structures lourdes et rigides, comme celles de la Mafia sicilienne, des cartels de Cali ou de Medellin, ou des familles de la Cosa Nostra nord-américaine, qui ont subi d'importants revers dans leur combat contre la police et peinent sur les marchés financiers.

Plus elles sont souples, comme la mafia russe ou la Camorra napolitaine, traditionnellement peu centralisées, plus elles disposent d'atouts pour résister aux attaques judiciaires et policières, et pour profiter des nouvelles opportunités de la globalisation économique et financière. Antonio Gialanella, juge au tribunal des mesures de prévention de Naples, n'hésite pas à faire de la traditionnelle Camorra le modèle de la nouvelle organisation criminelle pour son «extraordinaire dynamisme financier» et son «instinct commercial exceptionnel». «Le phénomène archaïque est devenu une holding moderne, ajoute-t-il. Une structure mal articulée et un sommet instable ne l'ont pas empêchée d'acquérir des capacités économiques globales que les analystes estiment aujourd'hui supérieures à celle de la mafia sicilienne.»

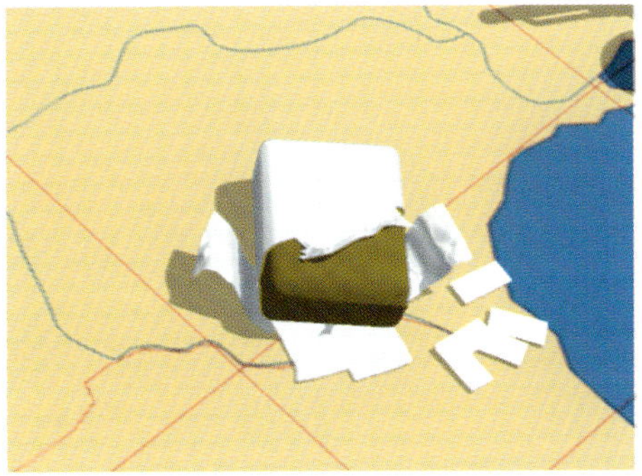

Il nous paraît naturel aujourd'hui de considérer que les mafias sont tout entières tournées vers la réalisation de profits maximum. Il n'en a pas toujours été ainsi. Jusqu'à la Seconde Guerre mondiale, la Mafia sicilienne, par exemple, n'avait pas pour objectif prioritaire l'accroissement de ses gains, mais le contrôle du pouvoir effectif sur son territoire. Bien entendu, l'efficacité de son quadrillage garantissait la régularité de ses ressources, mais la Mafia vivait alors en circuit fermé sur son terrain, et ses réflexes étaient ceux de la société paysanne pauvre dans laquelle elle était immergée.

En fin de compte, la particularité d'une mafia est d'être en symbiose avec le type d'économie propre à son environnement. Celui-ci a évolué, donc les mafias se sont adaptées. L'économie est devenue le principal vecteur du pouvoir alors que, jadis, c'était au contraire le pouvoir qui fournissait les richesses. C'est la place de l'économie qui a changé, et non la place des mafias.

Mafias de masse, mafia de cadres

Les mafias, et de façon plus générale les organisations criminelles, prolifèrent et se démultiplient. Elles étendent de ce fait leur emprise économique et sociale, ce qui contribue à accroître la division du travail au sein de l'économie criminelle. L'extension du phénomène mafieux s'est donc accomplie au travers d'une double évolution.

D'abord, les mafias commencent à se distinguer entre elles selon le niveau économique et social auquel elles interviennent. On peut dire que certaines d'entre elles sont des mafias de «masse», c'est-à-dire que leurs activités criminelles continuent de reposer sur l'utilisation d'une main-d'œuvre exclusivement délinquante (dont les membres ne sont pas nécessairement affiliés à la mafia, mais peuvent être employés au coup par coup) et sans formation particulière. Ces organisations sont celles qui se livrent aux

Chiffre d'affaires des organisations mafieuses italiennes

250 milliards de francs

Source parquet anti-mafia de Palerme.

Chiffre d'affaires de la criminalité organisée aux USA

300 milliards de francs (1,1 % du PNB)

Source Wharton Econometric Forecasting Associates (1987).

Criminalité organisée aux Pays-Bas

35 milliards de francs

Source GAFI.

Recyclage des yakusas aux USA

6 milliards de francs

Source FBI.

activités criminelles traditionnelles. Leur rayonnement est généralement faible, elles ne dépassent guère les limites de leur communauté sociale d'origine. Au plus atteignent-elles les frontières nationales. Partout aujourd'hui se développent ainsi des organisations criminelles, qui ont les caractères de mafias en formation. Elles viennent surtout combler les défaillances étatiques, en créant une économie souterraine qu'on peut souvent qualifier de simple survie. En France, relèverait de cette analyse la constitution de phénomènes mafieux dans certaines cités. L'expérience montre cependant que les groupes les plus rustres peuvent évoluer parfois très vite. Est-ce déjà la cas de la Corse? C'est en tout cas celui de la dynamique et évolutive mafia russe, où les uns en restent à ces activités primaires tandis que d'autres, de plus en plus nombreux, ont des occupations criminelles qui peuvent être de niveau international. Dans ce cas, on les voit généralement se scinder pour donner lieu à l'apparition de structures plus évoluées. Elles se mettent alors à appartenir à des mafias de «cadres», où les compétences requises sont plus celles de chefs d'entreprise et de financiers que d'hommes de main.

Connexions à la carte

La seconde évolution se situe dans le sillage de la précédente. Le maillage criminel plus fin, qui résulte de l'extension des phénomènes mafieux à tous les niveaux, favorise une professionnalisation des activités du crime organisé. Non seulement en termes d'efficacité, mais aussi en termes de spécialisation. Les groupes du crime organisé acquièrent des spécialités de plus en plus étroites, qui leur permettent de valoriser leurs compétences. C'est le cas par exemple des cartels de la cocaïne en Amérique latine. Dans les années 80, les cartels colombiens étaient centralisés et «intégrés». Ils incluaient dans un processus continu, sous leur contrôle direct, toutes les étapes de la production à la distribution. Dans les années 90, ils ont adopté des structures flexibles et décentralisées. Les cartels colombiens ont littéralement éclaté en des centaines de micro-organisations qui passent entre elles, en cas de besoin, des accords stratégiques ou commerciaux. Chacun agit sur un «segment» étroit, où il peut développer ses aptitudes en fonction des opportunités, à l'exemple des Nigerians, qui ont acquis une réputation de convoyeurs de drogue efficaces.

Mondialisation criminelle

La mondialisation, c'est non seulement l'accès sans entrave à n'importe quel marché par-dessus les frontières, mais aussi l'assujettissement de la plupart des activités économiques, même les plus locales, à la logique concurrentielle et aux besoins de l'économie mondialisée. Il n'y a plus de nos jours d'économie dynamique qui ne soit mondialisée. Il en va pour l'économie criminelle comme pour l'économie légale sans qu'il soit besoin, dans l'une comme dans l'autre, que toute les entreprises accèdent aux marchés mondiaux.

Les activités criminelles, qui sont au cœur de l'activité des mafias, n'échappent pas aux lois de la nouvelle économie. Les grands trafics ne peuvent guère se concevoir que de façon transnationale. L'argent, la drogue, les armes, les êtres humains, les œuvres d'art, etc., tout ce qui s'achète et se vend ira au plus offrant et traversera les frontières sans grand souci des contrôles. En réalité d'ailleurs, la surveillance des frontières, quand elle est possible et adéquate, ne fait que renchérir le coût des prestations criminelles, donc les gains des organisations criminelles, parce qu'elle rend plus difficile pour les consommateurs l'accès à ces prestations. La drogue coûte évidemment plus cher là où son accès est plus difficile. Moins à cause du risque que prennent les trafiquants (ils trouvent toujours une main-d'œuvre bon marché pour prendre ces risques) que parce qu'ils peuvent organiser la pénurie ou faire monter les prix en profitant de leur situation de monopole ou d'entente. S'il règne une situation de concurrence plus ouverte, les prix baissent, mais les produits offerts aux consommateurs se diversifient, pour attirer de nouveaux adeptes et accroître les parts de marché.

Même le coût de la paix ou de la liberté est en hausse sur le marché criminel, quand il s'agit de franchir des frontières pour échapper à la guerre, à la répression ou à la misère. Les clandestins qui commencent à envahir l'espace de l'Union européenne, venant des pays de l'Est, d'Asie ou d'Afrique, sont prêts à payer des sommes souvent considérables, parce que les dérèglements croissants que connaît le monde donnent un prix inestimable au simple espoir de survie. Plus les

Contrôle de l'économie russe par les mafias

40 % du PIB

Source Interpol.

Piratage en mer

1,2 milliard de francs

Source Bureau maritime international de Londres.

frontières seront étanches aux pauvres du tiers monde, plus le prix que les candidats à l'exil seront prêts à mettre pour les franchir sera élevé, et plus les profits des mafias qui ont pris en charge les filières d'immigration clandestine seront importants.

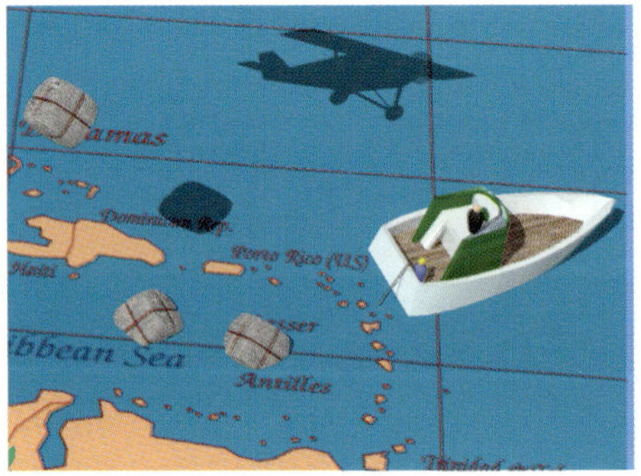

Au-delà des frontières

Quand les frontières existent encore de manière efficace, les mafias s'en servent donc pour valoriser le profit criminel. Mais pour nombre d'activités illégales, elles n'ont plus la moindre importance, parce qu'il n'est même plus utile de se déplacer. Les frontières présentent toutefois un avantage, mais pour les criminels eux-mêmes : elles les protègent des risques de poursuites, parce que la coopération policière et judiciaire est archaïque, et sans grands moyens, même entre pays de l'Union européenne. Tenter d'obtenir un renseignement sérieux de la part des autorités luxembourgeoises, sur des opérations financières qui se sont déroulées dans le secret ouaté des banques du grand-duché, est un exploit qui, pour un juge étranger, nécessite des trésors de patience et une sérénité à toute épreuve. En général, d'ailleurs, en pure perte. Tenter la même aventure en Grande-Bretagne peut rendre enragé le plus philosophe des magistrats : il n'a aucun espoir d'obtenir la moindre réponse.

Il n'est pourtant pas nécessaire, pour bénéficier de ces complicités passives qui se manifestent par l'inertie des autorités, d'être un mafieux important. En quelques secondes, en tapotant sur son ordinateur, n'importe qui peut obtenir sur Internet une liste complaisante des formalités à accomplir pour acheter ou constituer des sociétés *off shore* dans les paradis bancaires et fiscaux les plus discrets, mais qui ne sont pas toujours les plus éloignés. Il ne lui en coûtera que quelques milliers de dollars ou de livres sterling. Ouvrir un compte exotique ou créer une holding panaméenne ne nécessitera ensuite que quelques coups de téléphone, et un simple virement bancaire.

Les circuits de la grande criminalité sont à la portée de toutes les bourses, les techniques proposées par les établissements bancaires et financiers sont offertes à qui en a besoin, les moyens de communication par lesquels ils passent sont accessibles à n'importe qui. Savoir trafiquer, blanchir, réinvestir... n'est plus la marque distinctive des grandes

L'affaire Margarita

1 La cocaïne est acheminée de Colombie au Mexique par voiliers qui sont chargés et déchargés en mer.

2 La cocaïne est ensuite transportée du Mexique aux Antilles par de petits avions, et larguée en mer où elle est récupérée par des bateaux.

3 La cocaïne est prise en charge par bateaux (chacun pouvant contenir jusqu'à 1,1 tonne de drogue) depuis les Antilles jusqu'en France et en Espagne, où elle est déchargée sur des plages isolées.

4 La drogue est stockée puis écoulée en Europe.

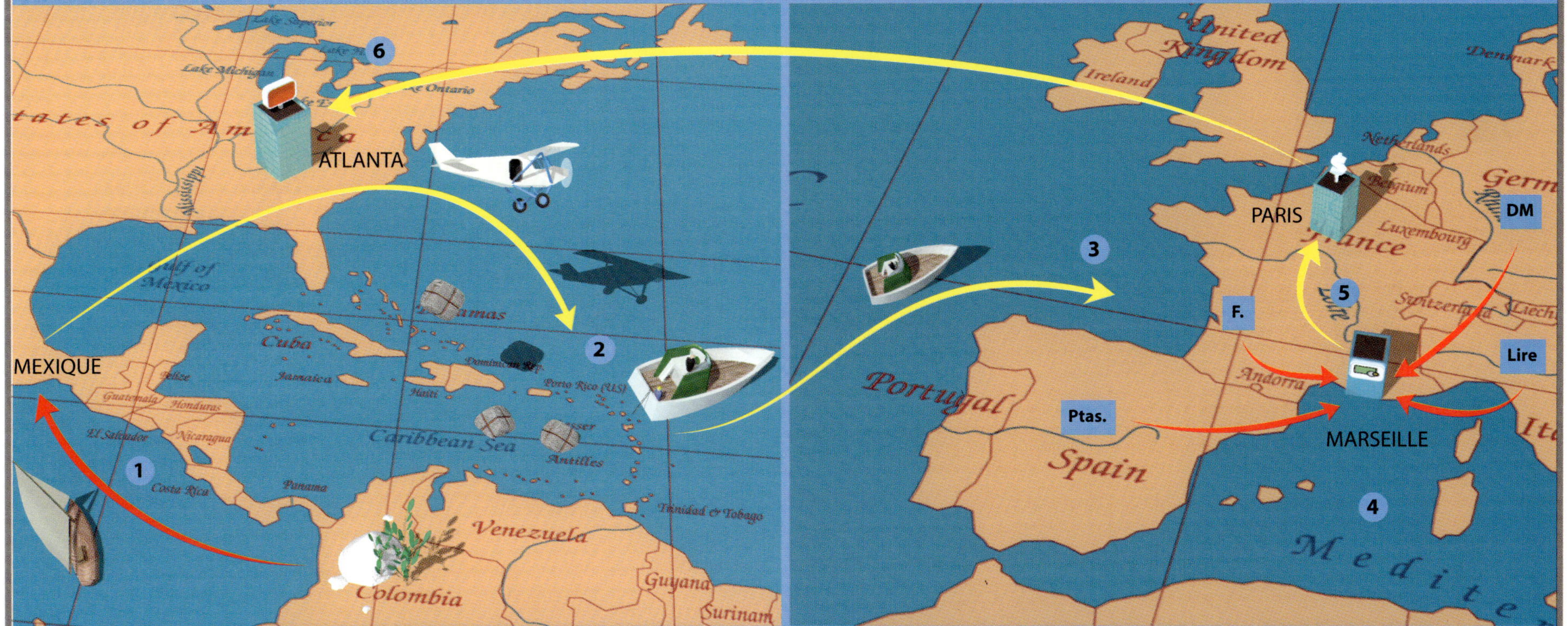

5 L'argent (marks, francs, lires, pesetas…) provenant du trafic est changé en dollars auprès d'un bureau de change complice à Marseille, et viré dans des établissements financiers parisiens.

6 L'argent est transféré par virement en dollars de Paris sur les comptes de sociétés américaines à Atlanta.

Tous les grands trafics – à commencer par celui de la drogue – sont aujourd'hui internationaux. Les criminels se jouent des frontières. Ils disposent de tous les moyens, techniques et financiers, pour traverser les mailles très lâches du filet policier. L'affaire Margarita est un modèle de coopération internationale, qui a permis de démanteler en 1994 un réseau organisé par les Colombiens, qui comprenait même son circuit de blanchiment «intégré». La filière est tombée parce que la banque d'Atlanta n'était qu'une couverture des services antidrogues américains. Mais une opération exemplaire de cette nature est rarissime, car elle nécessite pendant des mois la coopération d'un grand nombre de juges et de policiers de tous les pays concernés. Un succès de ce genre est une goutte d'eau dans l'océan. Cela n'enlève rien au mérite de ceux qui l'ont menée et réussie, mais relativise la capacité des États à faire face à des trafics qui les ont depuis longtemps submergés.

Traite des humains

84 milliards
de francs

Source Interpol.

Trafic d'animaux

100 milliards
de francs

Source WWF.

Piratage informatique

100 milliards
de dollars
pour les seuls USA

Source Trésor fédéral américain.

organisations criminelles, mais le moyen seulement de pouvoir le devenir. Tous les fabricants d'armes doivent pouvoir répondre aux sollicitations qui leur parviennent de la part de gouvernements sous embargo ou de groupes dissidents. La CIA a utilisé le commerce de la drogue dans sa lutte contre les sandinistes. La France est une grande exportatrice d'armes, conventionnelles ou non, légales ou sous embargo. Les États utilisent alors des intermédiaires non officiels qui, s'ils sont découverts, serviront de fusibles. Les mafias ne sont donc jamais loin, et elles ont droit, pour ce type de services, à la reconnaissance des dirigeants politiques qui les utilisent.

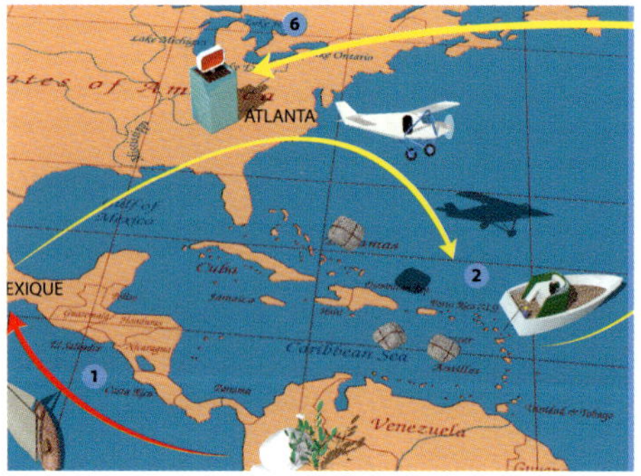

Pour un groupe mafieux qui a des prétentions à la vraie puissance, il est donc indispensable de travailler ses relations internationales. Il y a longtemps d'ailleurs que les mafias majeures ont organisé leurs trafics à cette échelle. Depuis leur apprentissage sous la Prohibition, elles ont toujours recherché les grands trafics, dont les profits sont à la hauteur des marchés visés. Ce fut le cas de la contrebande de cigarettes après la Seconde Guerre mondiale, qui a ouvert les routes au commerce de la drogue dans les années 60.

Aujourd'hui, il n'est plus un seul trafic important, d'armes, de drogue, de cigarettes ou de n'importe quoi, sans qu'une ou plusieurs mafias ne viennent immédiatement s'en mêler. La capacité de réaction des mafias est même étonnante. En 1996, commençait par exemple un exode de réfugiés kurdes vers l'Italie – via la Turquie, la Grèce et l'Albanie –. Sans attendre, la 'Ndrangheta s'est partagé le trafic avec les autres mafias concernées, albanaise et turque. Elles ont été très vite en mesure d'organiser des exodes massifs de centaines de réfugiés par traversée. Les Albanais se sont chargés des traversées en hors-bord rapides, la maffya turque traitant les voyages de masse. Ce type de trafic nécessite une logistique importante : outre la corruption de fonctionnaires ou militaires locaux, l'achat d'un bateau pour chaque traversée – le paquebot *Ararat*, par exemple, intercepté avec 835 réfugiés à bord dans la nuit du 26 au 27 décembre 1997, avait été payé 250 000 dollars – l'affrètement d'un équipage, le rabattage des candidats à l'exil, la récupération de l'équipage et l'organisation de sa fuite avant l'arrivée sur les côtes italiennes, etc. Mais le jeu en vaut la chandelle : une opération comme celle de l'*Ararat* rapporte environ trois millions de dollars, frais à déduire.

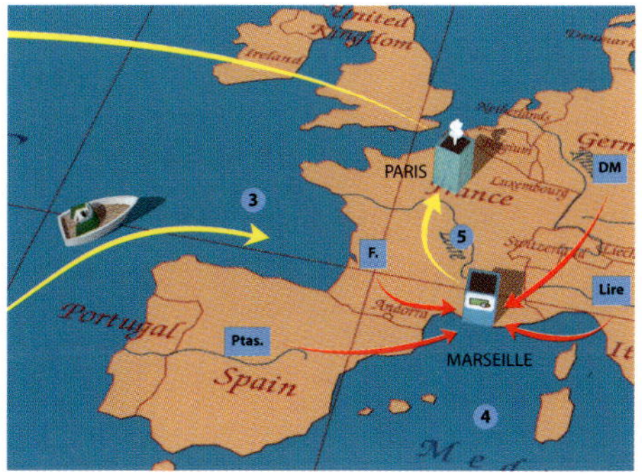

Un système à la fois complexe et invisible

La professionnalisation des activités criminelles des mafias nécessite une parfaite dextérité. Non seulement pour user de la violence ou organiser des trafics clandestins, mais aussi pour pénétrer l'économie légale. Les organisations qui, par exemple, escroquent des aides européennes, doivent connaître à la fois les marchés sur lesquels elles interviennent (tels que le tabac, l'huile d'olive ou la viande bovine), les règles de fonctionnement communautaires (comme la TVA intracommunautaire), et les réglementations douanières et fiscales des différents pays par lesquels passent leurs trafics. Cela suppose une excellente connaissance des circuits économiques, administratifs et financiers, et une grande diversification de ce savoir pour être capable de s'adapter immédiatement aux mutations des marchés et aux occasions de fraude. C'est ainsi que moins de 5 % des affaires représentent plus de 50 % des montants détournés ou éludés : la majorité des fraudes communautaires est le fait du crime organisé, reconverti dans les affaires. Trouver sans délai la faille d'un système de subvention, imaginer de nouveaux trafics, établir les contacts appropriés, mettre en place discrètement la logistique adaptée..., tout cela révèle une infrastructure d'autant plus efficace qu'elle est clandestine, et échappe presque entièrement à l'observation des autorités. Seule une infime partie des opérations montées par les mafias sont découvertes et anéanties. Si l'on songe que, de 1992 à 1997, les autorités judiciaires de Palerme ont confisqué pour environ 650 milliards de lires de biens mafieux (2,2 milliards de francs français), et celles de Naples pour 300 milliards au cours de la seule année 1996 (1 milliard de francs français) et environ la même valeur en 1997, on imagine ce que peut représenter la face cachée de l'infrastructure mafieuse.

Cette infrastructure est-elle véritablement invisible, ou d'autres raisons empêchent-elles de la voir? Aucun système de cette nature ne peut exister de manière occulte, à moins qu'on s'astreigne à ne pas le voir. Ce qui signifie en clair que les mafias ne peuvent exister sans corruption. Les exemples foisonnent, évidemment, partout où elles sont installées.

Contrefaçon sur les médicaments

7 % du marché, soit 80 milliards de francs

Source OMS.

Contrefaçon commerciale

Entre 3 % et 9 % du commerce international, soit entre 150 et 470 milliards de dollars

Source ministère de l'Économie et des Finances.

Fraude communautaire (argent détourné sur le budget de l'Union européenne)

10 à 15 %, soit entre 53 et 80 milliards de francs par an

Source Chambre des lords, Royaume-Uni.

Complicités du pouvoir

Plus les mafias sont puissantes et importantes, plus le niveau de corruption s'élève. Il n'est plus rare aujourd'hui que des ministres, des chefs de gouvernement ou des chefs d'État soient suspectés ou même poursuivis pour leurs liens avec une mafia. Mis en cause pour le financement de sa campagne électorale par les narco-trafiquants en 1994, le président colombien Ernesto Samper, auquel il était reproché d'avoir reçu 6 millions de dollars du cartel de Cali, faisait cet aveu : « Pendant de longues années, nous avons appris, par peur, ou par ambition, à tolérer le trafic de drogue. Cela ne va pas se résoudre par une loi. Le pays doit assumer l'élimination du trafic de drogue, non seulement dans la politique, mais aussi dans les activités économiques, sociales et culturelles. Tout le pays doit sortir du trafic de drogue, pas seulement quelques personnes. La crise est profonde... » Aucun pays n'est à l'abri des complicités les plus graves, celles de ses élites politiques, administratives, économiques. Passant de la lutte contre la Mafia à l'opération *Mani pulite* (Mains propres), dirigée contre la corruption de la classe politique, les magistrats italiens se sont aperçus des multiples ramifications qui existaient entre les milieux criminels et les dirigeants. En 1985, l'Italie demanda l'extradition d'un financier français arrêté à Genève pour avoir recyclé de l'argent provenant d'un trafic de drogue avec la maffya turque. Sur intervention personnelle de Bettino Craxi, alors président du Conseil italien, le financier en question fut relâché et les preuves ne furent jamais produites pour le faire condamner. Le juge d'instruction qui instruisait l'affaire, Mario Vaudano, commenta, longtemps après : « Nous étions focalisés alors sur l'argent de la drogue, mais c'est autre chose de grave qu'on voulait nous cacher » : la corruption politique. Malgré leurs déclarations farouches contre la drogue, les talibans afghans, qui ont financé leur guerre civile par le trafic d'opium, contrôlent aujourd'hui, sans interrompre cette lucrative production, 90 % des territoires afghans où est cultivé le pavot. L'Afghanistan serait devenu, dit-on, le premier producteur mondial d'opium. En Birmanie, l'élimination de l'un des plus importants producteurs d'héroïne, Khun Sa, a été négociée avec le gouvernement birman. Le trafiquant

Les différents niveaux de capacité criminelle

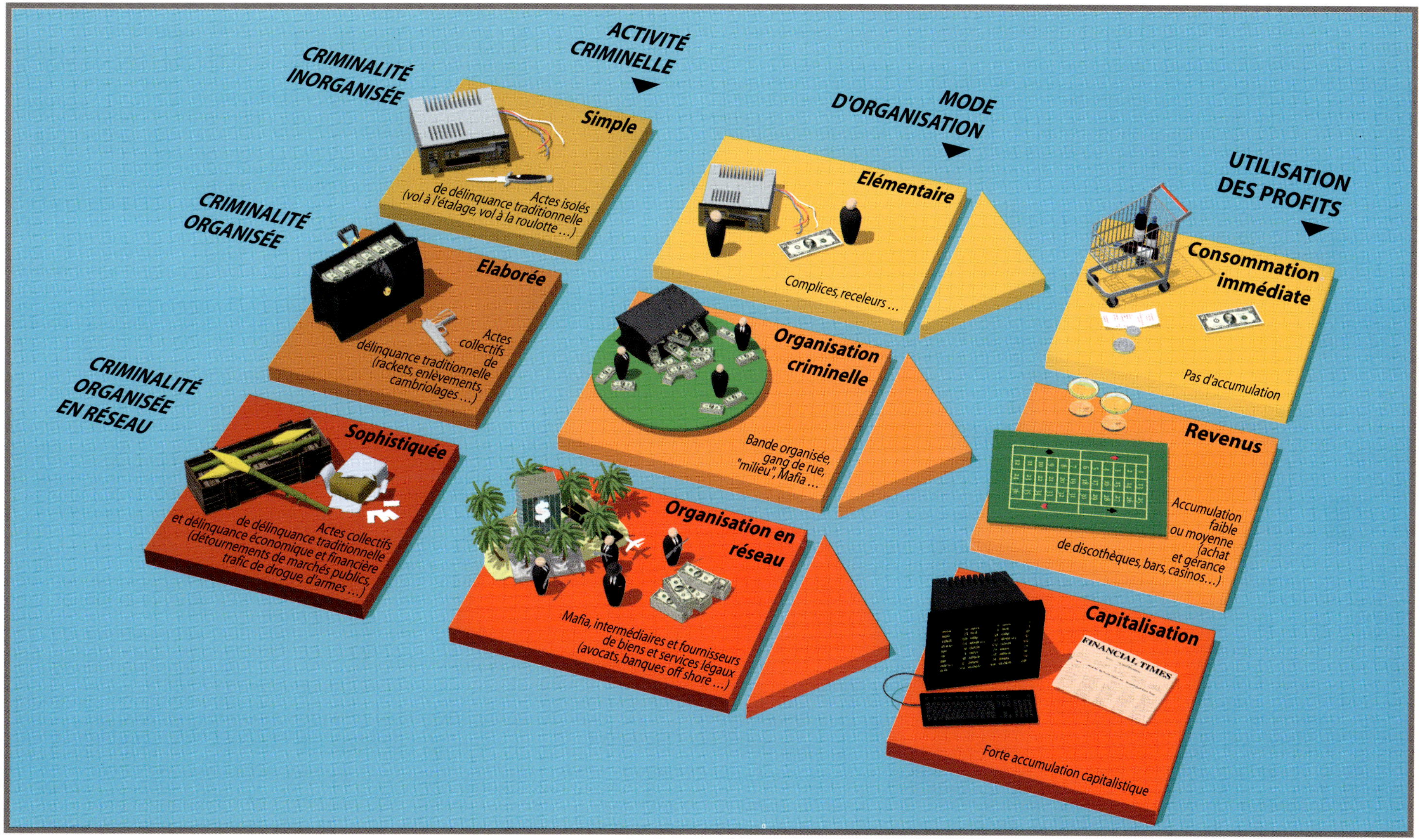

L'économie criminelle, comme l'économie légale, comprend ses prolétaires, ses petites et moyennes entreprises et ses grands groupes multinationaux. A chaque niveau correspond son mode d'organisation et les ressources varient en fonction de la capacité criminelle de leurs auteurs. Le sommet de la puissance est atteint par les organisations en réseaux, qui multiplient leurs relations extérieures en direction de la société légale, soit pour la mise en œuvre de leurs activités criminelles (par exemple les industries chimiques qui fournissent les produits précurseurs pour la fabrication des stupéfiants), soit pour leur protection et leur dissimulation (juristes, conseillers financiers...), soit pour le réinvestissement de leurs profits dans l'économie et la finance légales (banques, établissements financiers, marchés financiers).

Aide à la Russie
et capitaux sales
(en milliards de dollars)

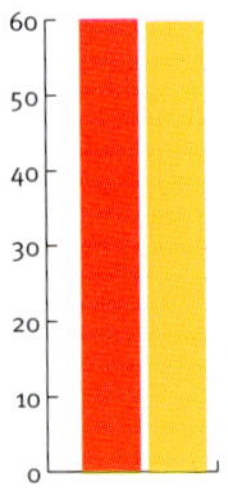

Évasion illégale de capitaux de Russie (92-96)

Aide à la Russie (92-96)

Source : Financial Times

s'est rendu, il n'a même pas été arrêté et moins encore poursuivi. Ses activités sont maintenant reprises en main par l'oligarchie militaire au pouvoir. On n'en finirait pas, une fois encore, d'énumérer les innombrables compromissions qui, à tous les étages du pouvoir, favorisent les grands trafics et les rendent possibles. Est-il nécessaire de préciser qu'une culture de corruption naît ainsi des rapports qui s'établissent entre les organisations criminelles et les cadres, petits ou grands, de la société globale ? Les propos d'Ernesto Samper, qui parle d'expérience, montrent bien que la corruption se diffuse inexorablement dans tous les interstices d'une société, quand celle-ci est confrontée en son entier au mirage tentateur de l'argent criminel. Ce ne sont plus seulement quelques dirigeants indignes, quelques responsables attirés par l'appât d'un gain trop facile, quelques fonctionnaires dévoyés, qui basculent de l'autre côté du miroir, c'est toute une société qui vacille parce que ses institutions se délitent, du ministre au gabelou, du juge au policier, du député au trésorier de parti...

L'ordre mafieux

La force de la société mafieuse, c'est de s'adapter naturellement à la fois à son environnement économique et à son environnement sociologique. Autrement dit, à chaque situation économique on pourra trouver une organisation mafieuse qui en est devenue le parasite. Cela ne signifie pas que les mafias sont toujours là et qu'elles sont partout, mais simplement que, dès que l'État s'affaiblit quelque part, il laisse une jachère rapidement exploitée par les formes sociales alternatives que sont les mafias. C'est pourquoi on trouve des mafias si différentes qui coexistent les unes à côté des autres. Loin d'être un inconvénient, leur diversité est un gage de croissance de l'économie criminelle. De plus en plus, les mafias passent des accords entre elles pour se partager les marchés. Les mafieux italiens s'allient avec les Nigerians qui transportent la drogue, et passent des accords de blanchiment avec les Russes ; les triades montent des joint-ventures pour financer leurs trafics de drogue internationaux...

Pour être capables de répondre aux besoins de leurs marchés, les mafias doivent avoir des structures adéquates.

Certaines activités demandent de la matière grise, d'autres de la main-d'œuvre. Les mafias ont compris, comme les entreprises de l'économie légale, que les exigences de management ne sont pas les mêmes selon les activités que l'on traite. Il y a donc désormais des mafias de «masse», et des mafias de «cadres». S'agit-il d'organiser les multiples réseaux alimentant les trafics (la drogue en particulier) que l'affaiblissement de l'État laisse prospérer dans les zones urbaines ou périurbaines? Apparaissent des bandes, puis des gangs, enfin des groupes mafieux qui prennent peu à peu en main les besoins des populations délaissées. S'agit-il de détourner les aides publiques que l'État, les collectivités territoriales ou les instances européennes déversent pour compenser la désertification économique et la misère sociale des régions abandonnées à leur sort? Il faut déjà des organisations structurées, qui s'appuient sur un réseau de complicités administratives et politiques, d'entreprises légales, de sociétés-écrans qui vont drainer les fonds publics vers les caisses mafieuses. S'agit-il de blanchir les capitaux gigantesques du crime organisé? Ce sont des financiers, des juristes et toutes sortes de spécialistes qui sont encadrés par des professionnels de la grande criminalité économique et financière.

A la recherche de l'excellence

A chaque étape, le mode d'organisation s'adapte. Pour les industries criminelles de main-d'œuvre, il faut surtout des hommes de main. Pour les spoliations de biens publics et les trafics organisés, quelques cadres et chefs d'entreprise criminelle rompus aux techniques de management sont nécessaires. Pour jongler avec les grands capitaux à blanchir, il suffit d'une poignée de capitalistes pour lesquels les marchés financiers n'ont plus de secrets. Plus on monte dans la hiérarchie des richesses, des compétences et du pouvoir, moins il faut de monde, à condition que les membres de l'organisation restent soudés. De strate en strate, à mesure que l'on progresse vers la puissance, la densité de l'organisation mafieuse se renforce.

Chaque mafia possède ainsi les caractères nécessaires pour garantir sa pérennité, en fonction des contraintes auxquelles elle est soumise. Une mafia en formation a besoin d'un enracinement sociologique solide. Elle doit privilégier une certaine ouverture du groupe sur la population dont elle

La puissance financière
de la mafia russe
(en milliards de dollars)

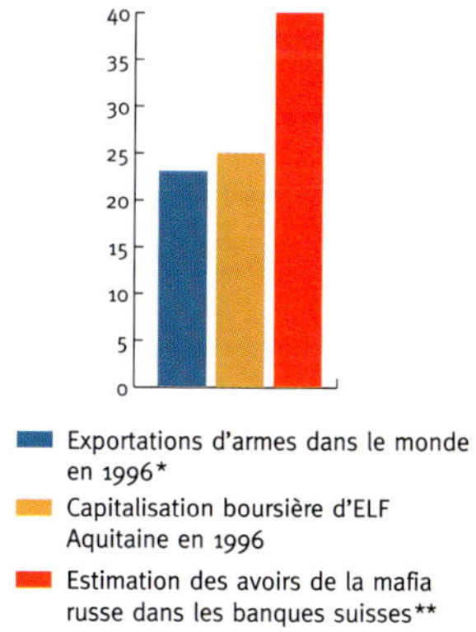

* Source : SIPRI
** Source : Parquet General Suisse

émane, par exemple en remplissant des fonctions de régulation étatique classique. Elle doit être connue des populations au sein desquelles elle vit, pour qu'on la craigne, et pour qu'on sache aussi ce qu'on lui doit. On voit dans les cités suburbaines, par exemple, les familles de trafiquants de drogue payer les loyers, les factures de gaz et d'électricité de leurs voisins. Pablo Escobar était populaire dans les banlieues de Medellin parce qu'il subventionnait l'équipe de football, et construisait des logements décents pour la population des bidonvilles. Mais cette ouverture peut rendre l'organisation vulnérable, si elle ne veille pas à un recrutement rigoureux. D'où l'utilité des rites et des initiations, et d'une discipline de fer, qui renforcent le lien du groupe avec ses affiliés.

Une symbiose réussie

Une mafia lancée dans de plus vastes affaires, dont les ressources dépendent moins de son implantation sociale, devient surtout attentive aux opportunités économiques et politiques. Ses activités prennent désormais une apparence légale. Sa dépendance envers le groupe d'origine devient plus légère. Elle doit surveiller, en revanche, l'évolution du milieu économique, s'assurer des complicités dans l'appareil d'État, guetter les opportunités de nouveaux trafics, défendre ses marchés contre l'empiètement des concurrents, etc. Cette mafia de la seconde génération doit veiller avant tout à la cohérence de son organisation, à son efficacité, à son adaptation. Les risques encourus sont ceux d'une entreprise quelconque : perdre des marchés, devenir moins compétitive, se faire éliminer par la concurrence... Le souci dominant devient la cohérence de l'organisation et la pérennité de ses réalisations.

Quand enfin on accède aux sommets de la haute finance criminelle, ou des grands trafics internationaux (drogue, armes...), on atteint en même temps, curieusement, les limites de la capacité criminelle. En effet, les leviers les plus puissants de la mafia ne proviennent plus tant de ses activités délinquantes que des ressources qu'offre la société légale pour échapper à sa propre légalité. Sans cette demande ou cette offre d'illégalité émanant de la société et de l'économie légales, les mafias n'auraient pu s'assurer, à

La hiérarchie du crime

On n'accède pas aux sommets de la hiérachie du crime grâce à ses seules capacités criminelles. Il faut savoir également gérer ses activités délinquantes comme on dirigerait une entreprise, d'autant que l'accumulation des richesses que procurent les trafics de haut niveau exige d'adjoindre un nombre croissant et toujours plus complexe d'activités légales autour du noyau clandestin de ses activités illégales. Une organisation criminelle ne peut devenir véritablement importante que si elle repose sur tout un ensemble de structures légales qui servent non seulement à dissimuler les activités délinquantes, mais aussi à valoriser les profits du crime en les réinvestissant, et à rendre crédible le niveau de richesse et de puissance occultes acquis par l'individu ou l'organisation, quand ils veulent les utiliser dans la société légale.

Dette et blanchiment
(en milliards de dollars)

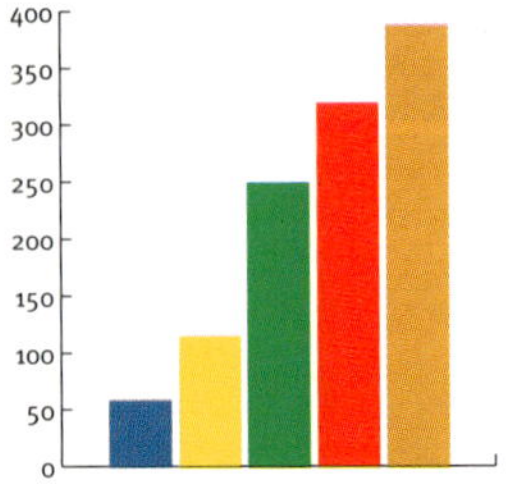

Aide publique au développement (1995)
Prêts bancaires à l'Europe de l'Est*
Prêts bancaires à l'Amérique latine*
Somme blanchie chaque année dans le monde
Prêts bancaires à l'Asie (avant la crise de 1997) *

Source : FMI

* Situation à la fin du 1er semestre 1997.

ces niveaux, le pouvoir et l'impunité qu'elles ont acquises. Mais ce qu'il importe de constater, c'est l'osmose qui s'est opérée entre les formes criminelles et les formes légales quand on aborde à ces niveaux d'interdépendance économique et financière. Plus rien ne permet ici d'identifier les organes et les membres des systèmes mafieux les plus élevés dans la hiérarchie du crime, car c'est à travers leur apparence légale qu'ils peuvent se livrer à leurs trafics les plus rentables. Du point de vue des organisations, on doit en conclure paradoxalement qu'à ce niveau, le noyau criminel le plus dur perd toute spécificité mafieuse, du moins en apparence. Plus de rites ou d'initiations, plus même de liens directs avec les activités criminelles qui pourraient être compromettantes. La rumeur colporte parfois les fréquentations douteuses ou les opérations étranges de quelque chevalier d'industrie entreprenant et chanceux, de financiers de haut vol, d'hommes politiques influents... S'ils tombent dans un scandale, ils sont aussitôt reniés par leurs pairs. C'est tout ce qu'on verra de l'action souterraine des mafias supérieures. Ces personnages sont-ils des éléments corrompus, ou sont-ils les vrais corrupteurs, sont-ils des marionnettes ou tirent-ils eux-mêmes les ficelles? Comment le savoir, puisqu'il n'y a plus rien qui distingue les mafieux de leurs obligés? Le 22 mai 1997, *Le Nouvel Observateur* rapportait les propos d'Albin Chalandon. L'ancien ministre de la Justice, qui fut aussi président d'Elf, la première entreprise française, faisait savoir que celle-ci avait multiplié par vingt, au début des années 90, les pots-de-vin versés à l'étranger, par rapport à l'époque où il était lui-même à la tête du groupe pétrolier. Les commissions occultes s'évaluent désormais en milliards de francs. Roland Dumas a même évoqué le chiffre de 2,5 milliards de francs pour un seul marché. Mais Albin Chalandon a surtout ajouté cette réflexion lourde de sous-entendus : « Compte tenu des procédures internes, ceci a forcément nécessité la mise en place d'une véritable organisation parallèle, genre mafia, avec un grand architecte, mais il m'étonnerait que Loïk Le Floch-Prigent soit le chef mafieux que cherche Eva Joly... » De tels propos ne font-ils pas frémir? Ils n'ont eu droit pourtant qu'à un entrefilet.

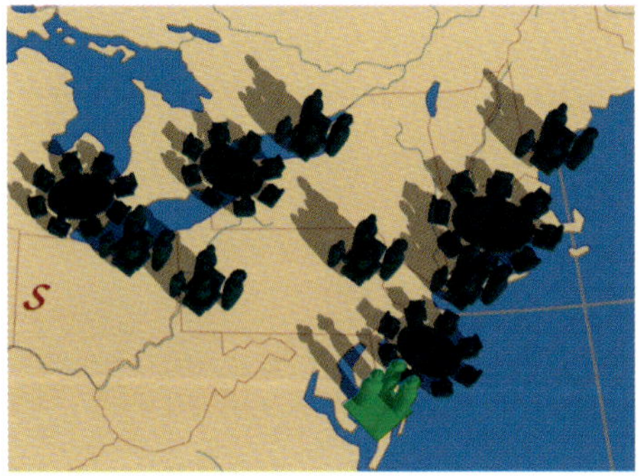

La prolifération
des micro-organisations

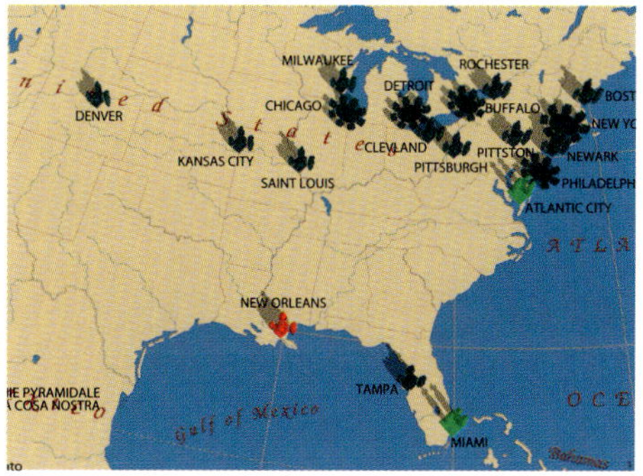

Pour assurer une insertion dans l'économie légale, les mafias se convertissent aujourd'hui aux nouveaux critères d'organisation de l'économie. Elles resserrent leurs structures sur un noyau dur purement criminel, réservé aux membres les plus élevés de la hiérarchie de chaque groupe, avec lequel les autres participants ont des liens plus relâchés qu'auparavant. Comme les entreprises du secteur légal, les mafias n'hésitent pas à sous-traiter les secteurs qui ne sont pas indispensables à l'objet précis de leur activité à des prestataires de services avec lesquels elles n'ont pas de lien organique.
En calquant leurs modes de management sur ceux des entreprises, les groupes criminelles les plus dynamiques ont déjà assuré leur adaptation aux marchés mondialisés, qu'ils soient légaux ou délinquants. Là où les démocraties affrontaient jadis de grandes organisations centralisées, on a vu apparaître des groupes criminels de taille beaucoup plus petite, du niveau du petit entrepreneur ou même de la famille nucléaire. Plus ils sont flexibles, plus ils sont performants. La mafia russe, par exemple, est composée d'une multitude de groupes assez peu structurés, aux articulations fluides et incertaines avec l'extérieur, mais fortement soudés à l'intérieur. Les estimations du ministère russe de l'Intérieur font état de 160 000 membres actifs regroupés dans 12 000 groupes, soit une moyenne de 13 personnes environ par groupe mafieux.
Cette prolifération de micro-organisations se retrouve également en Colombie. La lutte ouverte entre l'État colombien et les États-Unis d'un côté, le cartel de Medellin de l'autre, qui s'est soldée par la défaite du cartel et la mort de Pablo Escobar, a profondément bouleversé la physionomie du paysage criminel. Tandis que, dans les années 80, le marché de la cocaïne était tenu par deux grandes organisations fortement structurées (Cali et Medellin), l'Observatoire géopolitique des drogues note que «le repli des grands cartels a permis à de moyens et petits entrepreneurs de se faire une place au soleil sans trop de risques. Ils se réduisent souvent à des familles ou des groupes d'amis ayant un contact ou des parents aux États-Unis ou en Europe, et

Investissements nets
et blanchiment en 1996
(en milliards de dollars)

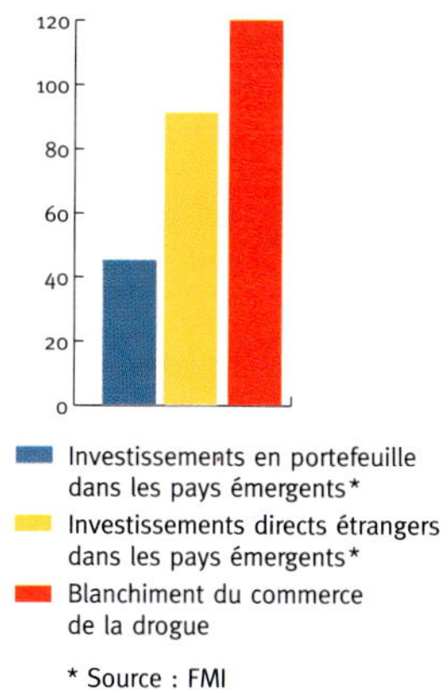

pourraient être 2 000 à 3 000 en Colombie».

La tendance est générale. En 1983, on recensait une douzaine de groupes camorristes à Naples. Aujourd'hui on en dénombre plus d'une centaine, forts de 7 000 affiliés.

Une infiltration redoutable

Ce morcellement des organisations n'ôte rien à leur puissance. Bien au contraire, il leur donne la flexibilité propice à une adaptation permanente. L'économie criminelle se calque avec un étonnant mimétisme sur l'économie légale à laquelle elle se mêle, et dont elle adopte les principes de gestion et d'organisation. Dans les années 50-70, l'économie s'est internationalisée et les grandes entreprises se sont concentrées pour constituer des groupes intégrés de taille mondiale. Dans la même période, les mafias traditionnelles les plus actives sont, elles aussi, devenues des multinationales du crime en acquérant des dimensions physiques d'échelle mondiale, par le nombre de leurs membres et affiliés, et par l'étendue de leurs réseaux et de leurs structures. Comme les multinationales des Trente Glorieuses, elles s'étendaient en absorbant sur leur passage tout ce qui pouvait contribuer à augmenter leur taille et leur puissance. Les mécanismes de la croissance capitaliste se sont modifiés depuis lors. Les plus grandes entreprises ne sont plus celles qui disposent des effectifs ouvriers les plus nombreux, ou des chaînes de production les plus imposantes. Microsoft et la Silicon Valley ont supplanté General Motors et les combinats sidérurgiques.

La même mutation s'opère aujourd'hui parmi les organisations mafieuses. Pino Arlacchi affirme ainsi que la «Coupole», l'organe de direction central des familles de la Mafia sicilienne, ne s'est plus réunie depuis plusieurs années. Étant donné la déliquescence des institutions politiques et la vulnérabilité de l'économie, dans la Russie post-soviétique et ses pays satellites, qu'est-ce qui empêcherait les mafieux russes de se regrouper et de fédérer leurs forces? Tout simplement le fait que le morcellement de la mafia russe lui permet de dominer largement l'économie et la finance des anciens pays de l'Est, en s'infiltrant partout. Une organisation mieux structurée n'apporterait rien de plus, sinon des

La Cosa Nostra nord-américaine

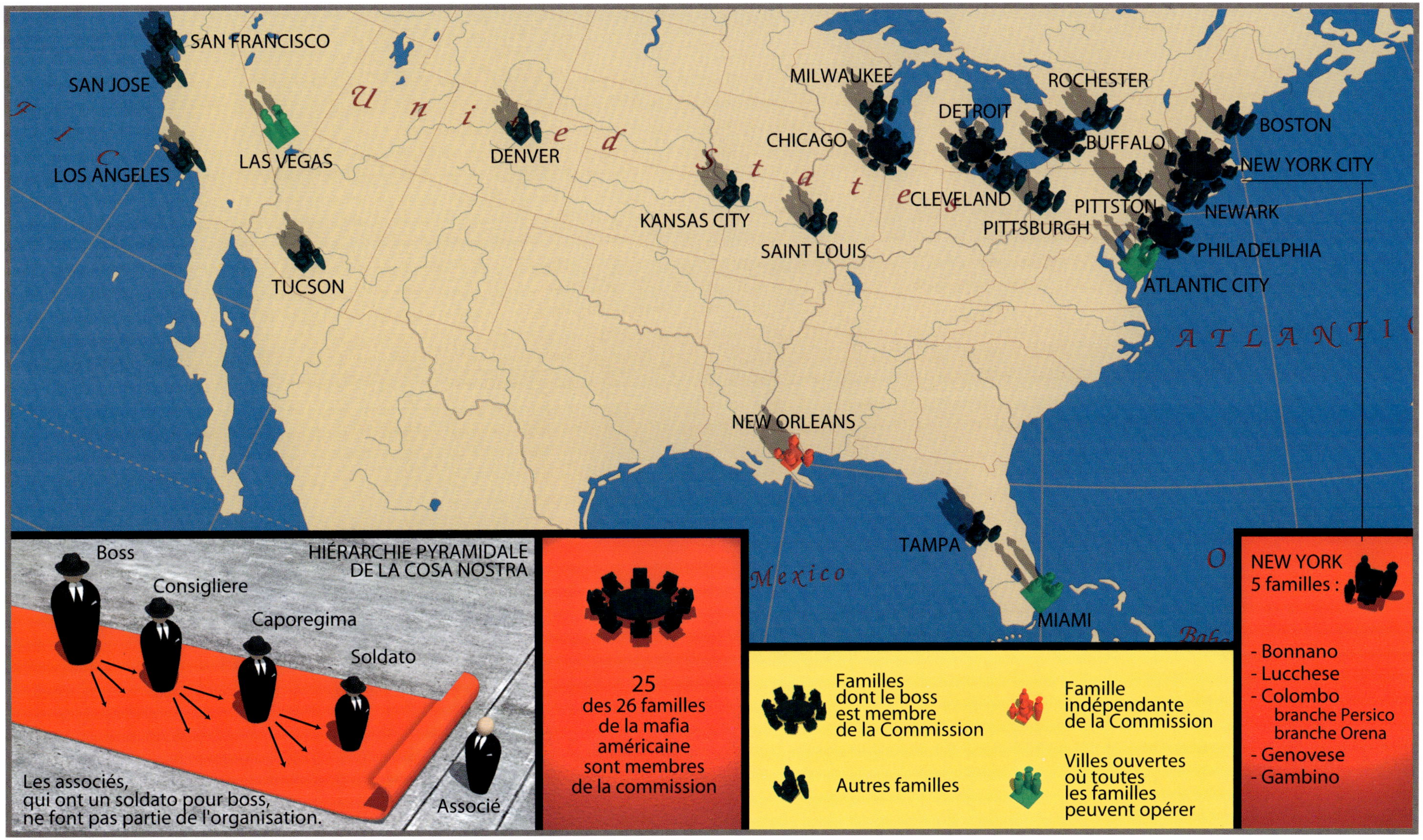

La mafia nord-américaine, issue des familles de la Mafia sicilienne, s'est imposée pendant la Prohibition et n'a cessé ensuite d'étendre son influence et ses activités. Organisée selon une hiérarchie identique, dans chaque famille, à celle de la Mafia dont elle est issue, la Cosa Nostra nord-américaine a correspondu à une époque où la puissance dépendait du volume des effectifs et de la rigidité des structures de l'organisation. Ce qui a été pendant longtemps, jusqu'aux années 80, un avantage, est devenu un handicap. La Cosa Nostra a dû faire face aux attaques de la police et de la justice américaines, qui ont affaibli ses organes dirigeants en envoyant la plupart d'entre eux en prison, et à la concurrence d'autres mafias ethniques, portées par des communautés en plein développement (asiatique, jamaïcaine, noire, russe...). Aujourd'hui, la Cosa Nostra est en net déclin.

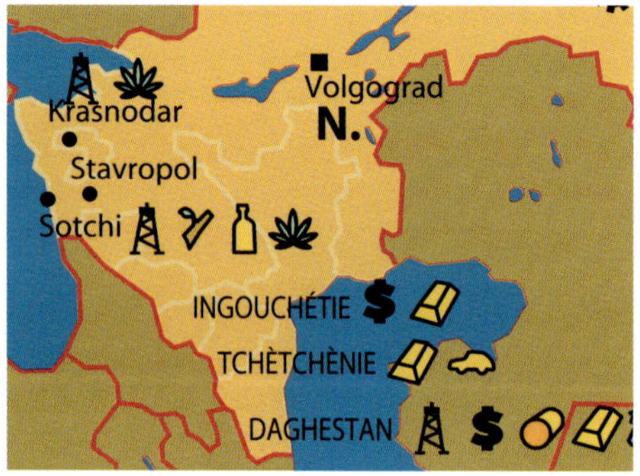

risques inutiles. Les organismes les plus prudents estiment à 60 % ou 80 %, parfois plus, la pénétration mafieuse dans le système bancaire russe, sans parler du pillage systématique de l'économie et des matières premières, offertes impunément aux razzias de ces prédateurs. Les cartels de la cocaïne ne se sont globalement jamais mieux portés que depuis que les mastodontes de Medellin ou de Cali ont laissé la place à une myriade de groupes autonomes, quasiment invulnérables en raison de leur éparpillement, mais dont la richesse et la puissance ne cessent de s'accroître sur les décombres des institutions légales.

L'économie du crime est mêlée par toutes ses fibres à l'économie légale dont elle reproduit, en négatif si l'on veut, les structures et les modes de fonctionnement. La puissance n'est plus, aujourd'hui, dans le nombre de bataillons qu'on aligne avant le jour « J » ou dans les effectifs d'employés que l'on commande, mais dans la capacité d'infiltration au cœur de systèmes qui n'ont plus de barrières pour se protéger, afin d'en extirper les richesses ou d'y prendre le pouvoir. Pénétrer un réseau informatique rapporte plus, en termes de stratégie militaire, que le bombardement massif mais aveugle d'un site industriel, parce qu'il anéantit d'un seul coup les défenses de l'ennemi. Le problème est le même en matière de menace criminelle : méfions-nous davantage des mafias mutantes, décentralisées, mobiles et flexibles, si bien incrustées désormais dans le tissu économique et la société civile que c'est à peine si on les distingue encore. Leur puissance est globale, mais leurs activités sont locales, elles sont fortes parce qu'elles sont partout, et elles deviennent invulnérables quand on ne les voit plus nulle part.

L'économie sous influence

Un constat s'impose : la criminalité n'est plus seulement un problème de criminalité. C'est même un sujet trop vaste aujourd'hui, pour l'abandonner aux seuls criminologues. L'économie du crime s'est fondue dans l'économie légale. Distinguer le crime organisé et la planète financière, c'est se condamner à ne rien comprendre ni de l'une ni de l'autre. Certes, il est plus confortable de considérer les mafias et les organisations du crime comme des puissances maléfiques étrangères. La réalité est moins séduisante et plus complexe :

Les groupes criminels dans les régions de la Fédération de Russie

Les groupes criminels sont fort nombreux et éparpillés sur l'ensemble du territoire russe. Leurs activités sont multiples et liées en général au pillage des ressources locales. Une des particularités de la mafia russe est son extrême violence, dirigée aussi bien contre les autres membres du crime organisé – ce qui est courant chez toutes les mafias – que contre les personnes extérieures aux organisations mafieuses. Cette violence, jointe à un extraordinaire dynamisme criminel, rend la mafia russe particulièrement dangereuse, d'autant qu'elle domine presque complètement l'économie russe. Les mafieux les plus entreprenants quittent la Russie et essaiment partout dans le monde où ils imposent rapidement leurs méthodes. L'État, en Russie et dans les anciennes républiques soviétiques, étant en pleine déliquescence, personne n'envisage sérieusement que la mafia russe puisse être réduite. Elle se développe au contraire très rapidement, en Russie comme dans le monde entier.

«Trou noir» des transactions courantes dans le monde (en milliards de dollars)

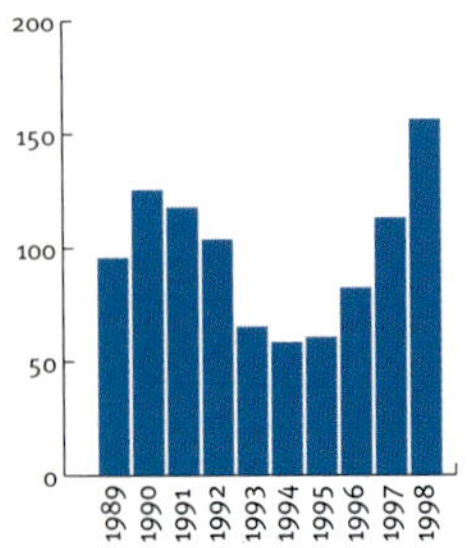

la criminalité est devenue un rouage indispensable des sociétés contemporaines.

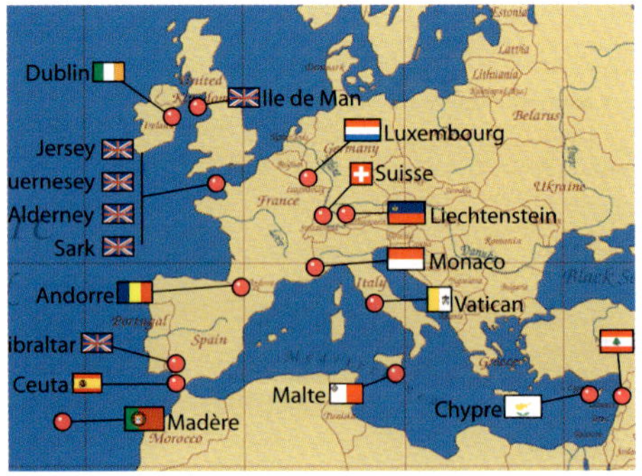

Indispensable d'abord au système financier, en quête permanente de ces capitaux nomades, de ces liquidités dont se nourrissent les marchés spéculatifs. Il faut s'abonner par exemple aux revues les plus austères du Fonds monétaire international, et les lire entre les lignes, si l'on veut avoir une idée des effets perturbateurs de l'économie criminelle sur l'équilibre mondial de la balance des paiements. Des milliards de dollars paraissent s'évaporer régulièrement de la surface de la terre, sans que personne ne sache quelle est leur destination finale.

Chaque pays en effet publie des statistiques publiques sur son produit intérieur brut et sur ses échanges commerciaux. En toute logique, l'ensemble des échanges internationaux devrait s'équilibrer : ce que les uns achètent, les autres le vendent et réciproquement. Pourtant, les balances des paiements des pays enregistrent chaque année des écarts négatifs qui représentent en moyenne cent milliards de dollars par an. Entre 1977 et 1989, plus de huit cents milliards de dollars ont disparu des comptabilités nationales. Depuis, le phénomène s'est accéléré. Entre 1989 et 1998, mille milliards de dollars se seront encore évanouis des comptes de la planète. Mais sans doute pas des paradis bancaires et fiscaux.

Bien sûr, cette manne n'est pas seulement imputable aux organisations mafieuses. Mais personne ne sait comment expliquer ce trou noir de l'économie mondiale, ni expliquer pourquoi il est devenu si vorace à partir des années 80. A moins de lier l'explosion de la finance spéculative et la courbe parallèle de la puissance des mafias et de la grande corruption au phénomène de dérégulation mondiale qui a eu lieu à cette époque.

L'économie off shore

Ce trou noir de mille milliards de dollars en dix ans montre le rapprochement entre l'économie criminelle et l'économie légale, notamment grâce au développement des paradis bancaires et fiscaux. Il existe depuis l'Antiquité des zones franches, qui sont parfois des micro-États, à la fiscalité généreuse et à la législation tolérante. Leur importance était très relative à l'époque où les relations économiques internationales étaient fortement encadrées par les États.

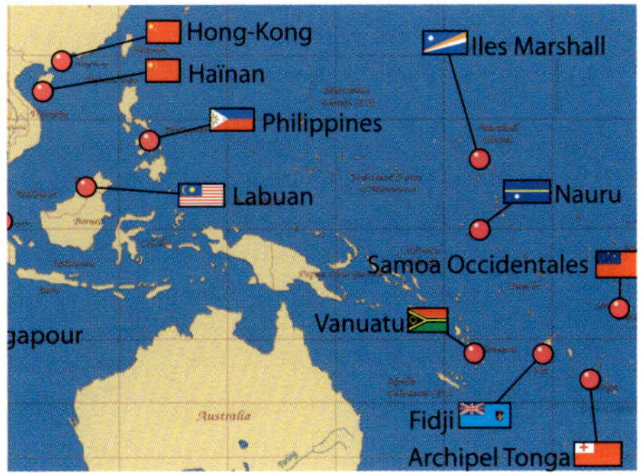

L'essor des paradis bancaires et fiscaux, devenus aujourd'hui incontournables, date de la fin des années 70. «Alimentées par des fonds pétroliers, avant de l'être par les bénéfices de la drogue (les "narco-dollars"), les places off shore (c'est-à-dire "hors rivage" pour en souligner l'extraterritorialité par rapport au contrôle des banques centrales) jouent un rôle toujours plus étendu. Ce sont Hongkong, Bahrein, Singapour, mais aussi les Bahamas, les îles Caïman et les autres paradis fiscaux de l'ancienne zone sterling et de la zone dollar», explique François Chesnais dans *La Mondialisation du capital*.

Les États-Unis et l'Europe sont à l'initiative de la plupart de ces créations. La finance mondiale, dans sa logique de dérégulation, cherchait des établissements complaisants et des pays amicaux, où les capitaux pourraient s'investir en échappant au contrôle des autorités étatiques. La quasi-clandestinité des débuts a fait place à une officialisation progressive. Aujourd'hui, les banques off shore font leur publicité sur Internet et dans les pages des journaux anglo-saxons comme le très sérieux *Economist*.

Les pays industrialisés se livrent aussi à une surenchère pour créer, sur leurs propres territoires ou dans des no man's land sous influence, des zones franches de plus en plus attractives. En France, les députés ont voté en 1996 une proposition de loi proposée par Pierre Mazeaud, le président de la commission des lois (aujourd'hui membre du Conseil constitutionnel), exonérant de tout impôt les habitants de la partie française de l'île franco-hollandaise de Saint-Martin dans les Antilles, haut lieu du blanchiment et carrefour de trafics en tout genre, notamment de la drogue. L'argument était simple : aucun contrôle fiscal n'étant plus possible dans cette île – la dernière équipe d'inspecteurs des impôts ayant dû rester dans l'avion et repartir sous les menaces –, pourquoi ne pas adapter la loi aux faits et créer officiellement sur le sol français un paradis fiscal? Le projet de loi a été rejeté par le Sénat, mais l'île est toujours un paradis fiscal de fait.

Là encore, il convient de ne pas se tromper. Si les multinationales du crime ne faisaient «que» partager avec leurs homologues légales les havres financiers des Caraïbes ou des Iles anglo-normandes, le problème serait facile sinon à

La crise asiatique
et le blanchiment
(en milliards de dollars)

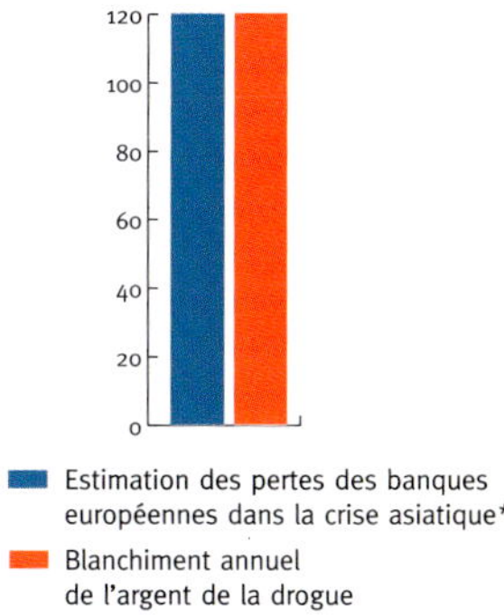

* Source : Standard & Poors

résoudre, du moins à cerner. Mais l'interférence entre le légal et l'illégal est telle que la question criminelle et la question financière sont indissociables. Le crime et la finance ne peuvent plus se passer l'un de l'autre. La croissance de l'un est devenue nécessaire à la croissance de l'autre.

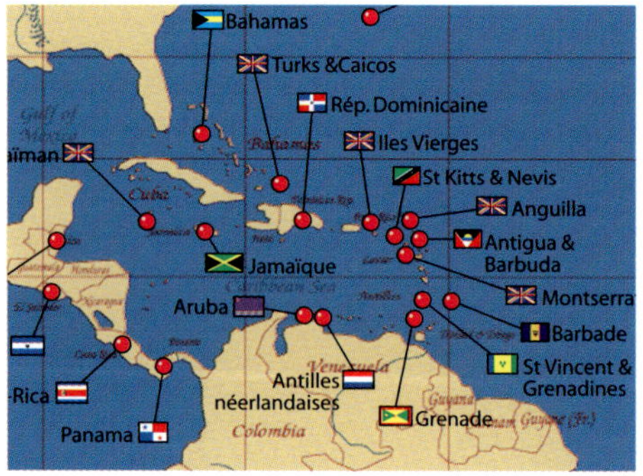

Comment pourrait-il en être autrement, dès lors que les organisations mafieuses se coulent dans les circuits d'évasion mis en place au cœur de l'économie et de la finance légales ? Il leur suffit d'éclater en une multitude de groupes plus ou moins autonomes, agrégés avec une multitude d'entreprises légales. Les petites organisations criminelles s'entourent d'entreprises commerciales ou artisanales, qu'elles possèdent directement ou indirectement ou sur lesquelles elles exercent leur influence. Ces faux nez deviennent plus imposants quand le clan mafieux est plus puissant ; ils peuvent compter sur une surface financière considérable quand ce dernier atteint une taille internationale. Dans ce cas, les structures légales sur lesquelles ils s'appuient sont capables de brasser des capitaux énormes avec une logistique qui demeure pourtant légère.

La leçon japonaise

Les malheurs du système financier japonais sont une démonstration éclatante des interférences que peut créer l'alliance perverse entre le monde des affaires et la mafia, sous le regard complice du pouvoir politique. Ils illustrent aussi la vulnérabilité de l'économie légale prise au piège des tentations illicites.

Depuis la fin des années 80, le système financier du Japon traîne comme un boulet une masse gigantesque de créances douteuses, voire irrécouvrables. Le ministère des Finances japonais évaluait en juillet 1995 à 500 milliards de dollars le montant de ces créances détenues par les banques, provenant de l'éclatement des « bulles » immobilières et boursières du début des années 90. Certains les évaluaient même à 1 000 milliards de dollars en 1997. Quels que soient les chiffres globaux, de toute façon vertigineux, on estime à 30 % les créances résultant de prêts consentis directement ou indirectement aux yakusas, la puissante mafia japonaise, dont l'intervention a été croissante dans l'immobilier à partir du milieu des années 80.

Les paradis bancaires et fiscaux

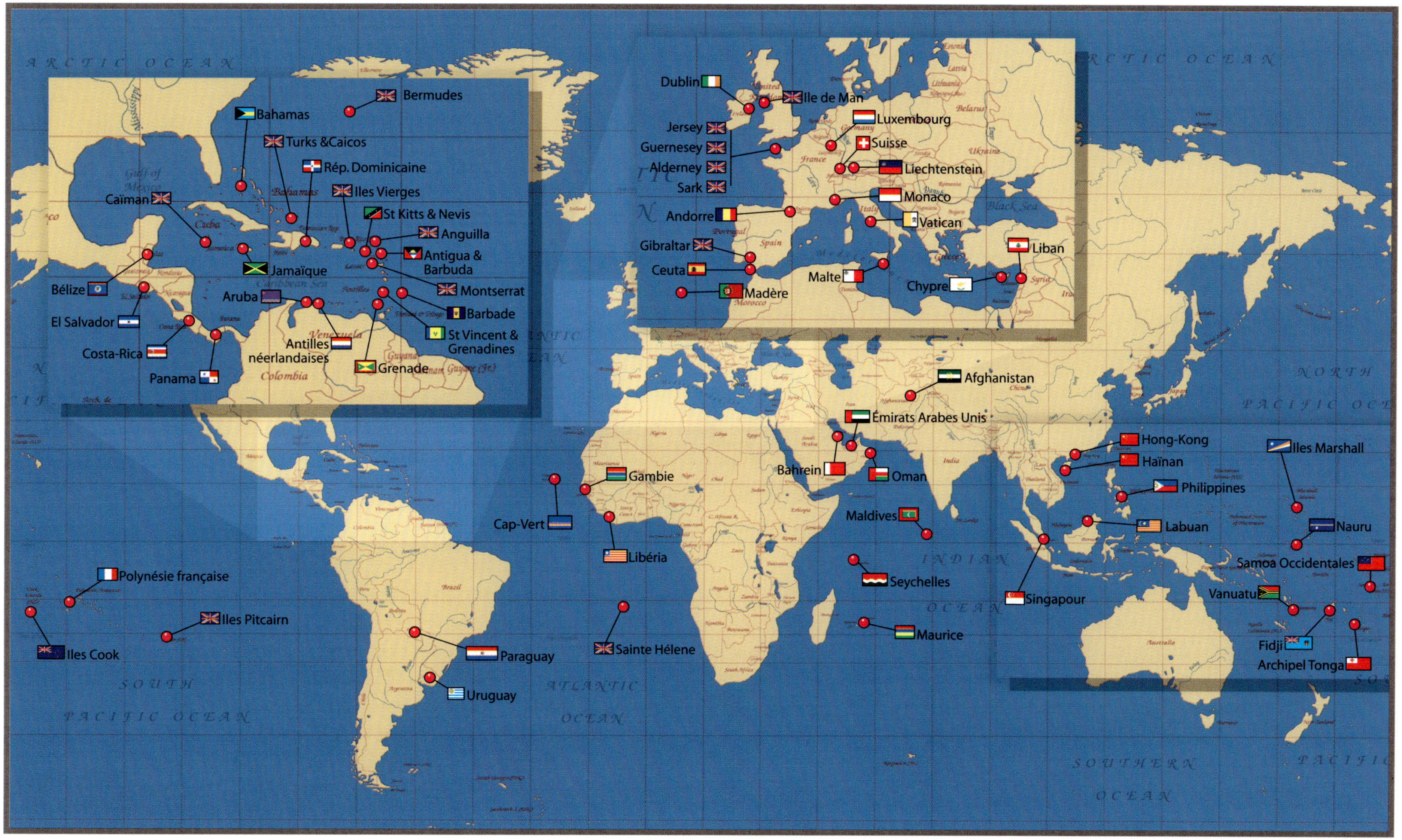

Les paradis bancaires et fiscaux ont connu un développement important à partir des années 70, d'abord pour faciliter le fonctionnement des euro-marchés et le recyclage des pétro-dollars puis, très rapidement, pour abriter l'argent sale des trafics de drogue. Ces havres financiers se sont surtout constitués à la périphérie des pays industrialisés de l'Amérique du Nord, de l'Europe et de l'Asie. Environ la moitié d'entre eux sont sous pavillon britannique. Presque tous les pays d'Europe ont les leurs, parfois sur leur propre territoire national.

Une spéculation immobilière effrénée s'est en effet déchaînée à cette époque, au cours de laquelle la pègre a mis la main sur une bonne partie du marché immobilier. Lors de l'effondrement des prix, les *jusen*, les huit grandes sociétés de crédit immobilier, prises au cœur de la tourmente financière, ont fait faillite. L'État a dû payer 685 milliards de yens pour faire face à la faillite des jusen pendant que les yakusas bloquaient les recouvrements de créances qui auraient permis d'amoindrir la crise et d'assainir le marché. La Cooperative Credit Purchasing C°, créée en janvier 1993 par 162 établissements financiers pour récupérer les 100 milliards de dollars de mauvaises créances de ses adhérents, n'avait pu en recouvrer que 4 % trois ans plus tard. A cause des yakusas.

La finance gangrénée

Empêché de s'assainir après la grave crise immobilière, le système financier n'a pas été plus heureux avec la crise boursière qui l'a accompagnée, contribuant à l'énorme endettement des banques et des établissements financiers. La première maison de titres japonaise, Nomura Securities, et la deuxième banque japonaise, Dai Ichi Kangyo, ont vu leurs dirigeants arrêtés (l'un d'eux s'est même suicidé) en 1997 pour complicité avec un membre de la sokaiya, Ryuichi Koike, auquel elles avaient versé quelque 300 millions de dollars. La banque Nomura avait des relations «privilégiées» avec ce racketteur qui avait acheté 300 000 actions de chacune des quatre plus grandes maisons de titres, dont Nomura, et 20 000 actions de la banque Dai Ichi. Point ne fut besoin à Koike de figurer en tête de liste des fortunes mondiales pour réaliser cette sorte d'exploit, qui est loin d'ailleurs d'être un cas isolé. Le mafieux n'avait pas accepté les pertes financières auxquelles chacun doit s'attendre quand il joue en Bourse. Plutôt que de subir ses représailles, la puissante maison de titres et la banque de la deuxième nation industrielle de la planète ont alors préféré indemniser le mafieux.

Le secret de la réussite japonaise, qui a fasciné le monde durant les années 80, tient peut-être tout entier dans cette collusion malsaine : «Les partis politiques se divisent en divers clans, la composition de chaque faction relevant du clientélisme. Leurs besoins de financement, notamment

Les grandes mafias transnationales

Il existe des mafias dans de nombreux pays, mais la plupart ont un rayonnement limité au territoire socio-géographique dont elles sont issues et qu'elles contrôlent effectivement. Un certain nombre d'entre elles, d'ancienneté très variable, ont acquis une stature internationale incontestable. Elles conservent leurs attaches sociologiques, mais n'hésitent pas à étendre leurs activités en dehors de leurs territoires d'origine. Dans ce cas, elles passent des accords avec les mafias locales, ou prennent appui sur les diasporas de leur communauté.

Îles Caïman :
une société par habitant

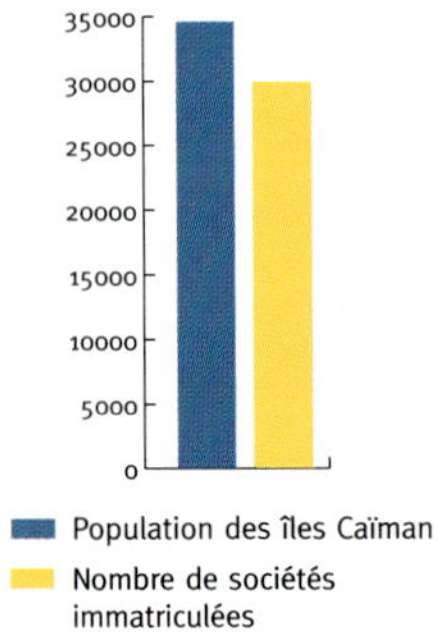

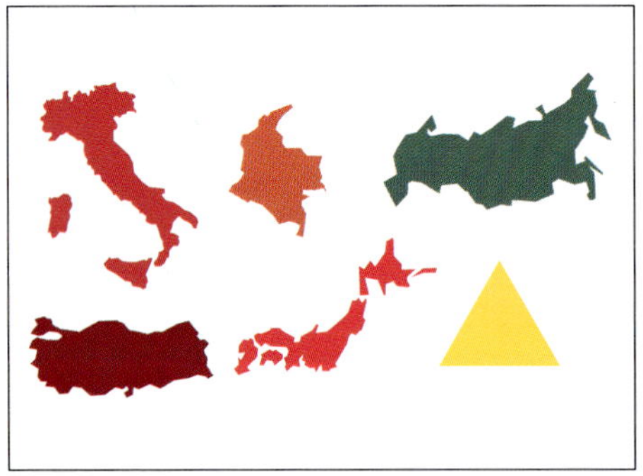

pour les campagnes électorales, s'avèrent criminogènes. Des complicités et des corruptions s'ensuivent, y compris avec des représentants de la yakusa (des bandes assimilées à la mafia). La sokaiya, composée de yakusas spécialisés dans les délits financiers, perturbe des assemblées générales d'actionnaires et impose à des entreprises des contributions. Elle réalise d'autres forfaits, dont l'usure et de basses besognes, et cherche dans l'immobilier ou les marchés financiers le blanchiment d'argent issu des jeux clandestins ou de la drogue. Ce recyclage des fonds exige de hautes complicités et un contrôle accommodant de la réglementation. Ces groupes constituent des *kaishime*, des associations de spéculateurs opérant sous des noms différents et achetant des paquets importants d'actions afin de procéder à des chantages ou à des manipulations de cours boursiers. [...] Les pratiques hors la loi des groupes non marginalisés, appuyés par des financiers et politiciens peu scrupuleux, pénétrèrent à doses renforcées les activités boursières dès le milieu de la décennie 1980. La quantité de fraudes dépassa tous les seuils de tolérance et mena aux démissions de présidents de maisons de titres, trop visiblement compromis», résume un spécialiste, Nahid Mohavedi.

La chute de Nomura et de Dai Ichi n'est donc que l'avatar de tout un système, qui a institutionnalisé à tous les niveaux la corruption et les compromissions avec le crime organisé. Au cours de ces dernières années, les quatre premières maisons de titres japonaises, Nomura, Daiwa, Nikko et Yamaichi, ont été compromises avec la mafia. La première a subi durement la chute de Koike puisque le gouvernement a suspendu ses activités. La deuxième a connu en 1995 un scandale qui lui a valu une amende de 340 millions de dollars et la révocation de sa licence d'exercice aux États-Unis en raison d'opérations irrégulières qui ont entraîné des pertes de 1,1 milliard de dollars. La troisième avait permis à l'une des principales organisations yakusa de mettre la main en 1991 sur la société de chemin de fer Tokyu en manipulant les cours de la bourse à Tokyo. La dernière s'est effondrée en décembre 1997 avec un passif de 3 000 milliards de yens de dettes qu'elle avait essayé de dissimuler frauduleusement, après que son ancien président et cinq de ses dirigeants eurent été arrêtés pour leurs liens avec la sokaiya.

La contamination dépasse le cadre financier. En 1996, par exemple, le président des grands magasins Takashimaya, spécialisé dans le commerce de produits de luxe, a dû démissionner après l'arrestation de plusieurs dirigeants du groupe en raison, une fois encore, de leurs liens avec les sokaiya auxquels ils avaient versé environ un milliard de yens pendant plusieurs années.

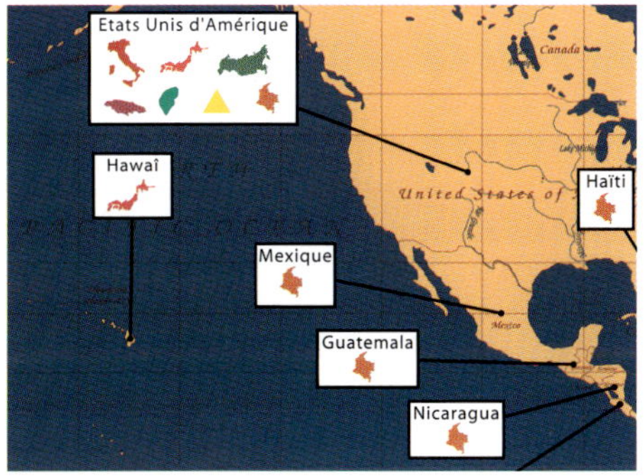

Il serait excessif de mettre sur le compte des yakusa tous les déboires des grandes entreprises japonaises, qui n'ont pas eu besoin de la mafia pour se livrer à une multitude de malversations. La leçon japonaise montre cependant les distinctions incertaines entre la pègre qui s'insinue dans le fonctionnement des entreprises et les firmes traditionnelles qui adoptent les procédés des malfrats.

La manne mafieuse

Il ne sert à rien de désigner du doigt un pays plutôt qu'un autre, de vouer celui-ci à l'opprobre parce qu'il serait plus perméable aux activités du crime organisé, ou de décerner au contraire à celui-là des brevets de vertu parce que les activités du crime organisé y sont moins visibles qu'ailleurs. Les services secrets italiens, le Sismi, ont évalué à 72 milliards de marks les fonds blanchis par la mafia dans les investissements en Allemagne de l'Est au moment de la réunification, soit un tiers du total des sommes qui y ont alors été investies, sans qu'aucun scandale n'éclate.

Les autorités françaises, quant à elles, aiment s'enorgueillir du fait que les mafias n'auraient jamais pu prendre réellement pied sur le sol français. Cela n'empêchait nullement l'un des financiers du cartel de Cali, Franklin Jurado, de noter dans ses carnets que la France constituait «l'une des meilleures places» qu'il ait connue pour le blanchiment de l'argent de la drogue, malgré les forfanteries de ses responsables. Franklin Jurado a été jugé et condamné au Luxembourg pour avoir blanchi l'argent de ses employeurs, mais il n'a même pas été poursuivi en France, où quelques-unes des plus grandes banques nationalisées lui avaient pourtant ouvert généreusement des comptes, et le conseillaient bénévolement sur la manière d'en ouvrir d'autres encore plus discrets dans les Iles anglo-normandes. C'est en France également que, le 6 février 1998, un préfet était

Un aimant pour les capitaux de l'économie criminelle (en milliards de dollars)

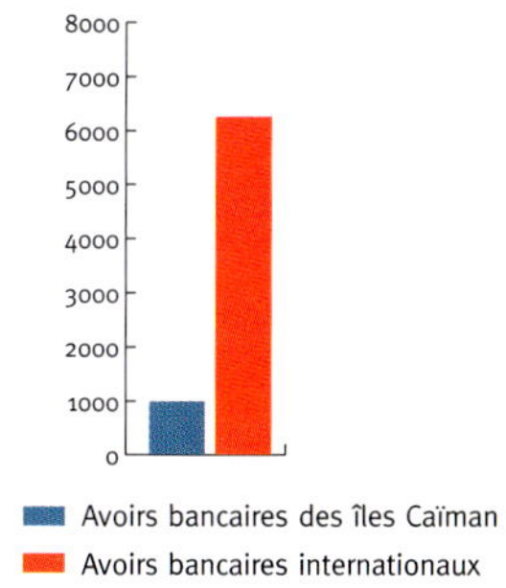

Source : O. Piot

assassiné en Corse, dans cette île où des groupes semi-clandestins ont progressivement et en toute impunité mis la main sur l'économie et la société, sous couvert de vagues alibis politiques. C'est en France également que sont nés les réseaux politico-mafieux qui ont fait de l'Afrique francophone une rente et le théâtre de gigantesques détournements d'argent public, avec la bénédiction de l'État et l'appui d'Elf-Aquitaine. On n'en finirait pas d'égrener la liste des «oublis», des «imprudences», des «distractions» de chacun des pays dont aucun dirigeant ne manque jamais cependant d'affirmer son inébranlable détermination à lutter contre l'économie du crime.

L'addiction criminelle

Les Anglo-Saxons nomment *addiction* la sujétion créée chez les individus par l'usage des stupéfiants. L'accoutumance de l'économie au crime est en train de créer, pour l'ensemble des sociétés, une addiction comparable à celle de la drogue. Les sommes en jeu sont devenues si importantes que l'argent sale irrigue abondamment l'économie globale.

Dopée d'abord par l'argent facile, l'économie en est devenue dépendante. Puis les effets euphoriques ont cessé d'agir. Et la finance noire a créé des besoins dont l'ensemble du système financier ne veut plus, ou ne peut plus, accepter aujourd'hui le sevrage. Les États ou les institutions publiques se résignent quant à eux à gérer sans vague les conséquences d'un état de fait qu'ils ne maîtrisent plus. Ils savent bien que le résidu de légitimité qu'ils conservent aux yeux des marchés financiers qui les dominent, réside dans l'aménagement social des conséquences de la mondialisation, à condition de laisser se développer les mécanismes qui lui permettent de s'épanouir. Selon Ernest-Antoine Seillière, président du CNPF et patron d'une holding financière, l'État devrait se contenter d'organiser l'«infirmerie» de la guerre économique en laissant aux seules entreprises la conduite des opérations sur les théâtres extérieurs.

Voilà pourquoi aucun gouvernement ne touche à rien d'essentiel qui risquerait de ralentir l'essor de la finance spéculative, quelle que soit la couleur de l'argent qu'elle attire. C'est pourquoi aussi on n'entreprend plus rien pour empêcher des pans entiers de populations, même dans les pays

La présence extérieure des grandes mafias transnationales

On a pu constater la présence des grandes mafias transnationales dans un nombre important de pays à travers le monde. Cet éparpillement montre leur dynamisme et leur capacité d'adaptation criminelle. Il ne faut pas oublier non plus que la plupart des pays ont leurs propres mafias locales, de moindre rayonnement. Le phénomène mafieux est une toile d'araignée qui recouvre l'ensemble de la planète. Il ne faut pas imaginer que toutes ces mafias sont en conflit permanent entre elles. Les conflits les plus durs se déroulent entre groupes de même origine ethnique. Les autres parviennent souvent à s'entendre, soit en se répartissant des zones et des secteurs d'influence et d'activités, soit en passant des accords d'association.

industrialisés, de sombrer dans l'économie de débrouille, aux franges de l'économie criminelle, qu'un pas suffit ensuite à franchir. La meilleure illustration de ce phénomène est le développement, notamment en Europe, des zones franches, paradis fiscaux des pauvres, destinés à soustraire les territoires les plus délaissés aux contraintes légales qui distinguent encore, à son détriment, l'économie normale de l'économie parallèle.

Sous nos yeux, l'économie du crime est en train d'accomplir la dernière étape du processus : rendre enfin rentable la délinquance des pauvres et des laissés-pour-compte, qui jadis était la part d'ombre des sociétés modernes, qu'elles conservaient à leurs marges. La délinquance des pauvres, qu'on croyait improductive, est désormais reliée aux réseaux qui produisent le profit. Du dealer de banlieue jusqu'aux banques de Luxembourg, la boucle est bouclée. L'économie criminelle est devenue un sous-produit de l'économie globale, qui intègre à ses circuits la marginalité sociale. Celle-ci relevait autrefois de l'action sociale des États. Elle leur échappe maintenant au profit du crime qui régule et rentabilise les franges les plus pauvres de nos sociétés.

Pour le dire crûment, les populations en situation précaire, qui ont toujours existé mais que l'État-Providence essayait de sortir de leur marginalité et de leur délinquance, trouvent désormais dans l'illégalité les moyens de survivre en constituant la main-d'œuvre d'appoint dont l'économie du crime a besoin pour organiser ses circuits et ses réseaux. Et comme l'économie criminelle n'est plus elle-même qu'un secteur de l'économie globale, la jonction s'opère entre toutes les formes d'activités, criminelles ou non, grandes ou petites, celle des riches et celle des pauvres. Ainsi, des plus démunis aux plus puissants, en passant par les classes moyennes dont les activités professionnelles fournissent la logistique et l'infrastructure des banques ou des services, chacun se met peu ou prou, qu'il le sache ou l'ignore, au service de l'économie criminelle.

Les zones franches en France

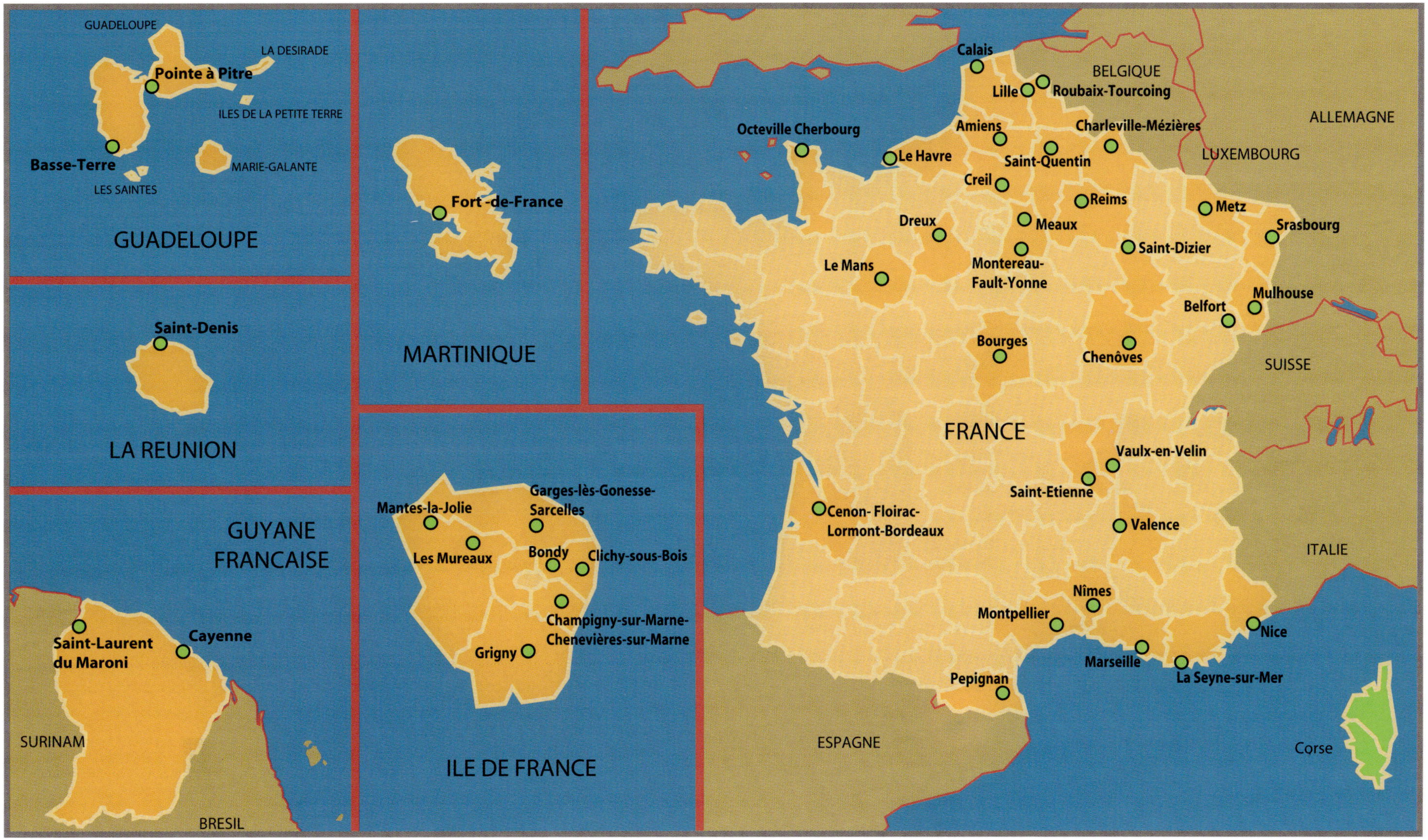

Inspirées par le souci de sortir les zones défavorisées du marasme économique et social, les zones franches créées en 1997 constituent les paradis fiscaux du pauvre. Elles offrent des exonérations fiscales et sociales aux entreprises situées dans les périmètres sensibles. Si l'on ignore l'efficacité de ces zones franches en faveur de l'emploi, on peut craindre qu'elles n'abritent un nombre croissant d'activités économiques dont une partie au moins des ressources seront d'origine illégale, mais couvertes par l'«immunité» fiscale. De telles entreprises seraient un excellent moyen pour blanchir les multiples trafics qui se déroulent dans ces quartiers, favorisant ainsi l'émergence de groupes de délinquance de mieux en mieux organisés et bénéficiant d'un enrichissement d'autant plus rapide qu'il sera officiellement exonéré de taxes, de charges sociales et d'impôts.

››› Le grand

blanchiment

Une nouvelle grille de lecture

On enseigne traditionnellement que les opérations de blanchiment se composent de trois étapes : d'abord le prélavage, que les spécialistes appellent le «placement», qui consiste à introduire l'argent liquide dans le circuit économique et financier normal. Ensuite le lavage ou «empilage», qui sert à brouiller l'origine des fonds par des opérations diverses. Enfin le recyclage, ou «intégration», qui consiste à faire ressortir les sommes blanchies, pour les utiliser sans risque après leur avoir donné l'apparence d'une origine licite.

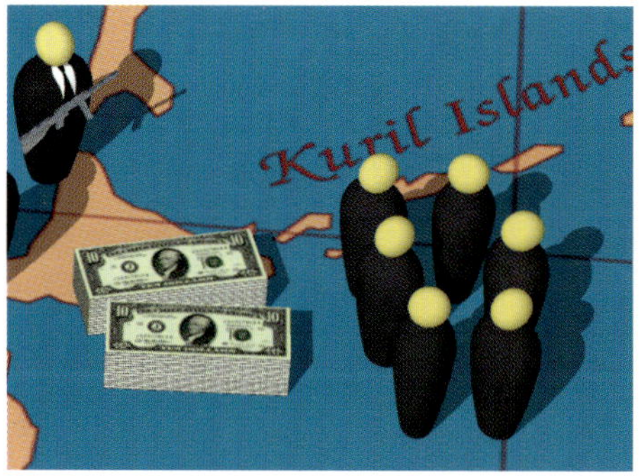

Cette typologie académique permet de schématiser un circuit idéal, qui va de l'argent initialement sale à l'argent blanchi, au terme duquel il pourra être utilisé sans qu'on soupçonne son origine illégale. Mais elle ne rend compte en pratique que de la manière dont fonctionnent les circuits de blanchiment les plus simples, mettant en œuvre des procédés archaïques. La réalité est aujourd'hui autrement plus complexe, d'abord parce que les policiers ont appris à reconnaître des circuits aussi élémentaires et qu'ils peuvent s'y attaquer, mais surtout parce que ceux-ci ne correspondent plus aux exigences de la haute finance criminelle, qui jongle avec des millions, voire des milliards de dollars. Quelles que soient les précautions prises pour «empiler» de telles sommes, il ne suffit pas d'avoir emmêlé toutes les pistes pour qu'elles puissent ressortir innocemment : le charcutier de Trapani ou le pizzaiolo de Caltanissetta, hommes d'honneur subitement enrichis, auraient bien du mal à justifier l'afflux soudain de telles fortunes sur leur carnet de caisse d'épargne.

Par conséquent, l'approche classique, qui repose sur cette classification en trois étapes, ne rend pas compte des problèmes posés par le blanchiment de l'argent sale au-dessus de certains seuils. Elle ignore la diversité des destinations possibles de l'argent blanchi, notamment dans le système financier, et donc les différentes stratégies possibles d'utilisation de l'argent criminel. Elle suppose naïvement que les fonds blanchis doivent être automatiquement réinvestis dans des activités traditionnelles (consommation, investissements productifs). Au-delà de certains montants, c'est plutôt le contraire qui paraît plausible : quand les volumes financiers sont trop importants, ils ne peuvent redescendre

Les fourmis japonaises

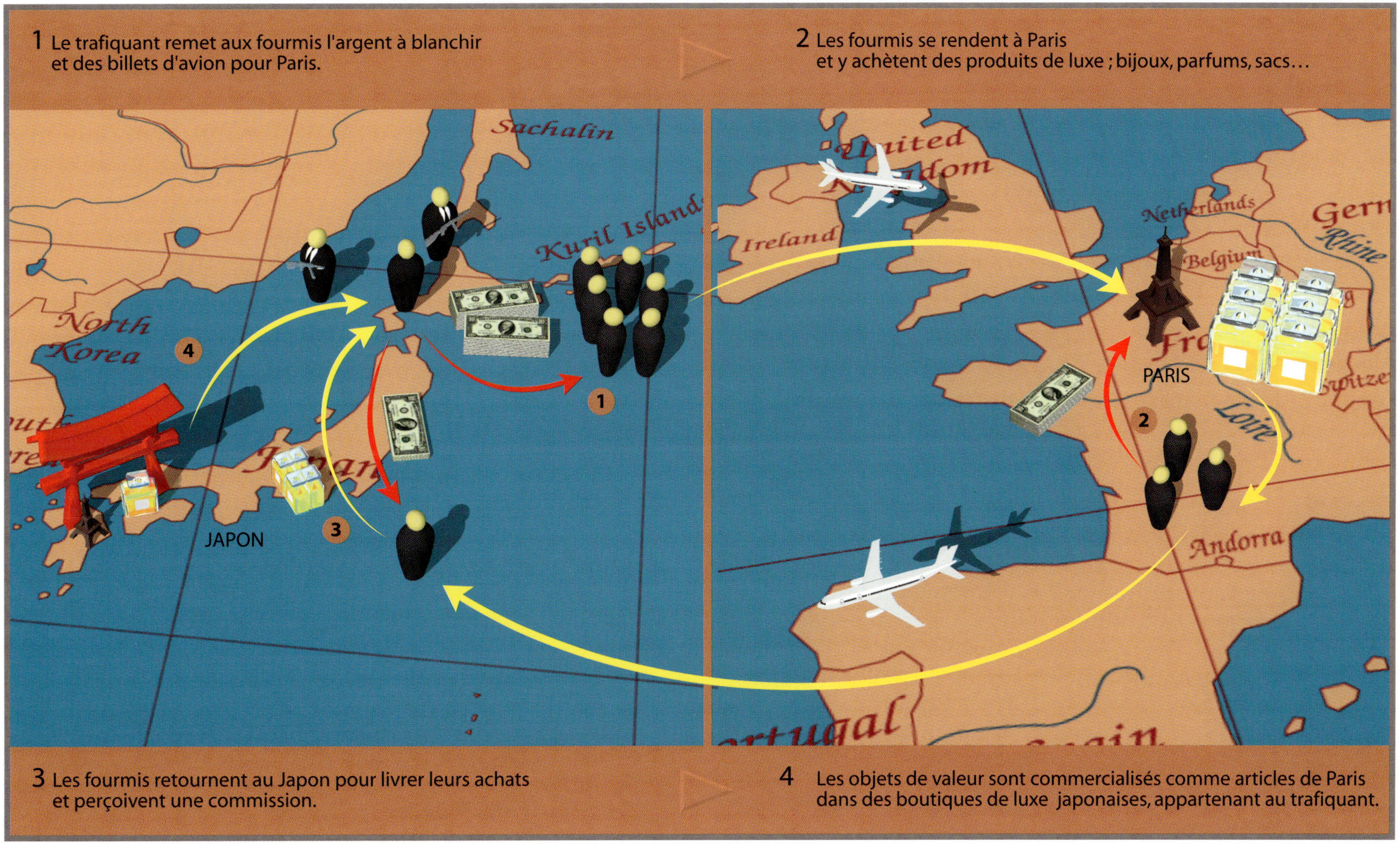

Seules les techniques de blanchiment les plus grossières répondent à la typologie traditionnelle. Les fourmis japonaises sont l'illustration d'un circuit rudimentaire comprenant les trois phases. Le «placement» consiste à distribuer l'argent sale à de faux touristes. Munis d'une somme équivalant à 20 000 ou 30 000 francs chacun, ils viendront, au cours de la deuxième étape, celle de l'«empilement», acheter des articles de luxe dans les boutiques des Champs-Élysées. De retour dans leur pays, les fourmis apportent leurs achats au trafiquant qui les met en vente dans une boutique d'«articles de Paris», permettant l'«intégration» des revenus de la vente.

aussi simplement dans l'économie réelle. Ils ne peuvent même que demeurer dans la sphère financière : s'il en a sans doute les moyens, même du fond de sa prison, on voit mal Toto Riina se porter acquéreur des usines Fiat avec son simple carnet de chèques. En revanche, les richesses colossales des organisations criminelles ont tout intérêt à rester discrètement tapies dans les marchés financiers où personne ne leur demandera rien. Elles pourront fructifier sans s'y faire remarquer car, dans la sphère virtuelle de la finance mondiale, rien ne ressemble plus à de l'argent propre que de l'argent sale. Les intérêts des placements suffiront largement ensuite à assurer les investissements et le train de vie des parrains mafieux ou des dirigeants corrompus.

On change ainsi de perspective. Parce qu'il existe une sphère financière déconnectée de l'économie réelle, tout ce qui se passe dans cette planète virtuelle échappe complètement au strabisme convergent, additionné d'une forte myopie, des policiers et des juges. Il y a désormais ceux, qu'ils soient honnêtes ou criminels, qui ont les moyens de changer de planète et d'envoyer leur fortune travailler à leur place dans le monde immatériel de la finance globale. Dans cet univers incorporel, ils *surfent* sur les marchés financiers, en se jouant de l'espace et du temps, en se moquant des États et de leurs polices, de leur fisc et de leurs juges. Et il y a les autres, dont les moyens sont insuffisants pour échapper aux dures lois de la pesanteur dans l'économie et la vie terrestres ordinaires. Les pieds rivés au sol, ceux-là ont toujours quelque compte à rendre ou quelque chose à craindre, et les policiers ou les juges ont encore une chance de les épingler. C'est dans ce petit monde étroit que les gendarmes courent après les voleurs, et qu'ils en attrapent même parfois quelques-uns. Dans le vaste univers de la finance virtuelle, en revanche, il n'y a plus de gendarmes, et les voleurs sont devenus des spéculateurs comme les autres. Il faut par conséquent changer de point de vue. Le blanchiment ne sert plus, au-delà de certains seuils, à réintégrer l'argent, mais à l'éclipser. Les techniques de recyclage alors employées ne sont plus le chapeau du magicien où l'on cache un lapin avant de le faire ressurgir sous les yeux du public ébahi, mais le trou noir par lequel l'argent s'évanouit à jamais au regard des non-initiés.

Le blanchiment par les marchés financiers

2 Le montant de la prime pour l'achat des calls et des puts provient de l'argent à blanchir. Cette somme est versée au Monep.

3 Le straddle (call et put) est vendu un peu plus tard. Compte tenu de la baisse des cours, l'opération se solde ici par une légère perte, mais l'important est que la prime reçue pour la vente est versée par le Monep, et a donc perdu tout lien avec les sommes déposées aux îles Vierges.

INDICE COURT TERME (P x 1) — **MONEP**

			08-01-96			12-01-96		
Straddle	Prix d'exercice	échéance	nombre de lots	cotation	prime versée	nombre de lots	cotation	prime reçue
Call	1 950 F.	31-1-96	250	24,15 F	1 207 500 F.	250	17,50 F	875 000 F.
Put	1 950 F.	31-1-96	250	43,50 F	2 175 000 F.	250	50,00 F	2 500 000 F.
				2	3 382 500 F.		3	3 375 000 F.

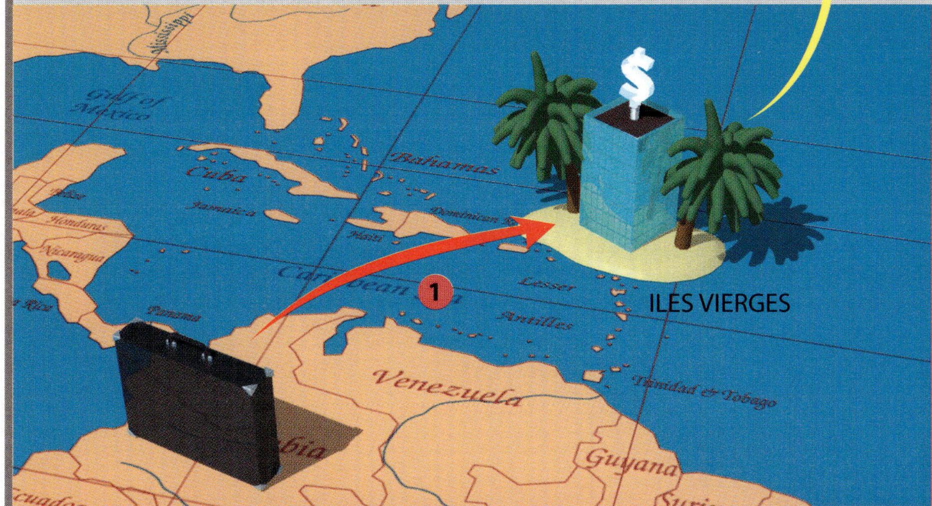

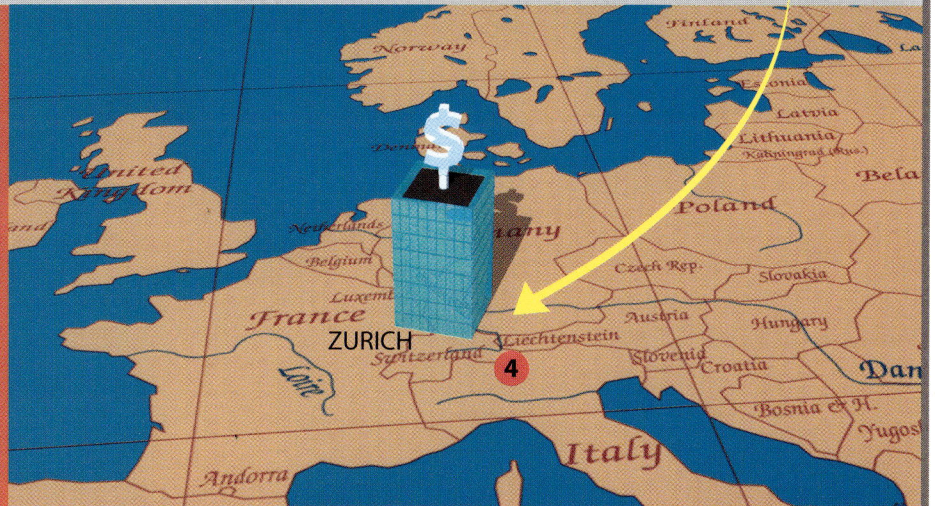

1 L'argent à blanchir est déposé dans une banque des îles Vierges.

4 L'argent blanchi est viré sur un compte à Zurich

Comprendre les mécanismes de base des marchés financiers n'est pas très complexe et les trafiquants peuvent les apprendre assez vite. En revanche, recycler son argent à travers les marchés réglementés offre un grand intérêt car les fonds sont versés par la chambre de compensation du marché financier, organisme officiel qu'on ne peut soupçonner de complicité. L'argent a ainsi perdu toute trace de son origine.

Identifier les véritables circuits

Dès que l'on sort des procédés rudimentaires de blanchiment, la classification classique n'a donc plus d'utilité pratique. Par exemple, un placement spéculatif sur un marché financier peut être aussi bien une opération d'empilage que d'intégration, selon le moment où il est effectué et la manière dont il s'inscrit parmi d'autres opérations, financières ou non. On peut même blanchir de l'argent sans avoir besoin de l'« intégrer », sans lui faire subir aucun prélavage. Quand un cartel colombien, par exemple, sous-traite à un cartel mexicain l'importation de cocaïne aux États-Unis, les paiements se font-ils encore avec des valises de billets, comme aux temps héroïques ? Allons donc ! Puisqu'il suffit de virer les sommes d'un compte off shore d'une société panaméenne sur un autre compte off shore de n'importe quel paradis bancaire et fiscal.

A quoi bon dans ces conditions se demander si telle opération est un placement, un empilage ou une intégration ? Le franchissement soigneux de toutes les étapes n'est pas toujours nécessaire et, à l'inverse, l'accomplissement d'un parcours théoriquement impeccable ne garantit pas à tous les coups la sécurité du processus. On n'apprend donc pas grand-chose en essayant de décortiquer des étapes hypothétiques, au travers desquelles les fonds criminels iraient se faire blanchir. En revanche, on commencerait à avoir une idée plus précise des circuits réellement empruntés dans le recyclage de l'argent, en s'intéressant plutôt aux objectifs poursuivis par les « blanchisseurs ».

Le mieux d'ailleurs est de se mettre à leur école, puisque ce sont les blanchisseurs eux-mêmes qui peuvent nous être du meilleur conseil. Par chance, l'un des plus célèbres d'entre eux, Franklin Jurado, était aussi un peu un théoricien. Dans ses notes, ce financier du cartel de Cali avait expliqué l'objectif principal d'un processus de blanchiment et décrit la manière dont il s'appliquait à y parvenir. Sa préoccupation n'était pas de réintégrer à tout prix l'argent sale en lui faisant subir des transformations de forme, mais de le faire changer de « phase », selon sa terminologie, c'est-à-dire de lui faire subir des changements de statut, pour le rendre de plus en plus honorable.

Le faux procès

1 L'argent à blanchir est déposé clandestinement
sur le compte en banque d'une société aux Iles Caïman

2 La société de Boston qui doit récupérer l'argent blanchi,
fait un procès à la société des Caïman et lui réclame dix millions de $.
Deux possibilités s'offrent : transiger ou perdre le procès.

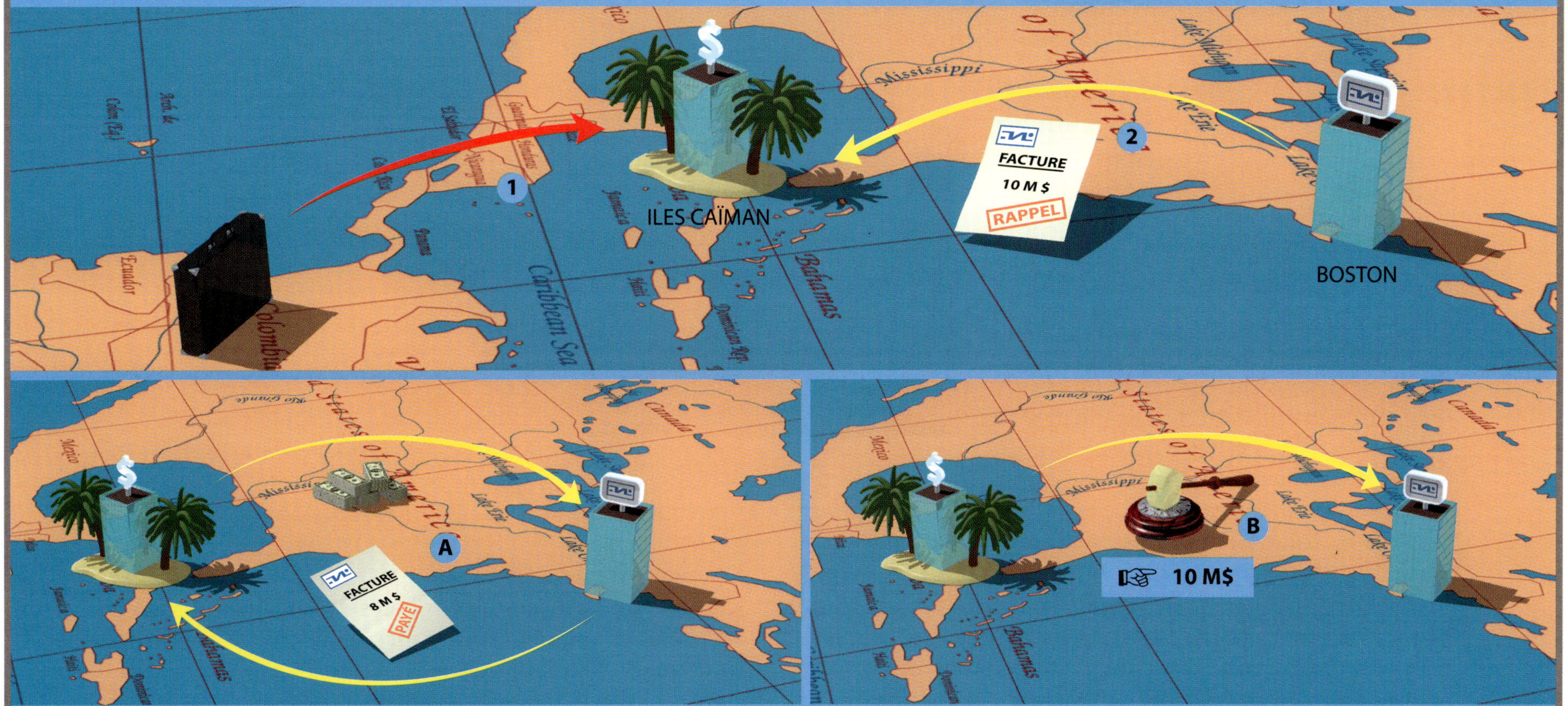

A TRANSACTION À L'AMIABLE
La société des Iles Caïman accepte de payer huit millions de $
en contrepartie de l'abandon du procès.

B PROCÈS OU ARBITRAGE
La société des Caïman se laisse condamner et paye
la somme ordonnée par le tribunal ou l'arbitre.

Technique extrêmement simple dans son principe, le faux procès requiert d'abord du blanchisseur qu'il dispose d'au moins deux entreprises, l'une dans la région où se trouvent les fonds à blanchir, l'autre dans le pays où doivent aboutir les fonds blanchis. Il faut ensuite disposer d'un temps suffisamment long, car la justice est lente... Mais on peut accélérer son processus en ayant recours à la procédure d'arbitrage, très répandue dans le commerce international. La police aura d'extrêmes difficultés à prouver que le procès était simulé. Comble d'ironie : l'indemnité perçue par la société qui a gagné son procès n'est pas imposable, et la justice a servi de machine à laver...

L'argent sale peut passer de billets de banque à des dépôts bancaires, de dépôts bancaires à des lingots d'or, de lingots d'or à des comptes numérotés, sans que le blanchisseur n'ait gagné quoi que ce soit en sécurité s'il n'avait pas donné une apparence plus légitime aux fonds qu'il possède. A l'inverse, cette honorabilité peut s'acquérir, dans certains cas, en virant simplement l'argent de comptes bancaires en comptes bancaires, par conséquent sans changer de forme. Il faut seulement respecter quelques règles suffisant à rendre de plus en plus sûre la détention de ces capitaux, en brouillant les manipulations destinées à effacer les traces de son origine criminelle. L'approche de Jurado est un net progrès par rapport à la classification traditionnelle, parce qu'elle a un caractère beaucoup plus opérationnel. Elle montre en effet qu'il est inutile de changer la *forme* des capitaux si l'on n'a pas modifié avant tout leur *statut*.

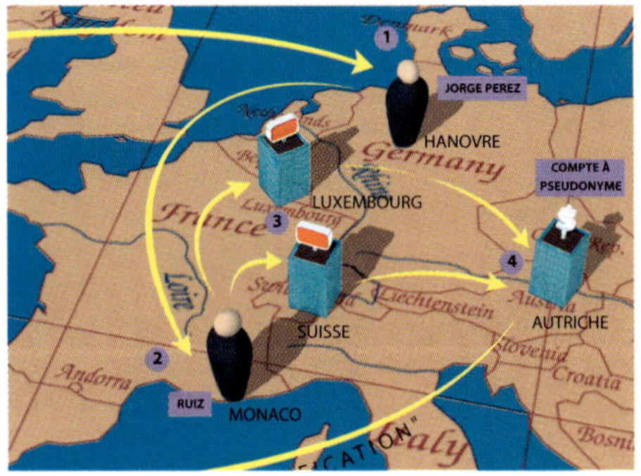

Or Jurado s'est quand même fait prendre… Il avait certes le souci permanent de rendre crédibles les détenteurs de capitaux en rendant de plus en plus honorable l'origine de leur argent. Mais il n'a pas su résoudre un autre problème tout aussi important, dont il était d'ailleurs conscient. Il ne suffit pas en effet de donner une façade légitime à la détention de sommes importantes, en virant, par exemple, sur les comptes de sociétés-écrans, des fonds que détiennent des Colombiens proches des dirigeants des cartels sur leurs comptes bancaires personnels. Il faut aussi que l'utilisation de cet argent soit plausible par rapport aux masses financières dont on est soi-même censé disposer.

Or, c'est le problème auquel Jurado se trouvait confronté en permanence, et qui a causé sa perte. Il savait bien que non seulement il fallait couper les liens qui reliaient l'argent sale aux stades précédents de son circuit, mais aussi que les possesseurs de cet argent étaient vulnérables s'ils ne l'utilisaient pas comme le feraient les détenteurs de telles sommes acquises dans des conditions régulières. On ne gère pas des millions ou des milliards de dollars comme la caisse d'une épicerie de village.

Le recyclage à la carte

Comment s'y prend-on aujourd'hui pour blanchir de l'argent? Quels circuits emprunter? Cela dépend

La classification de Jurado

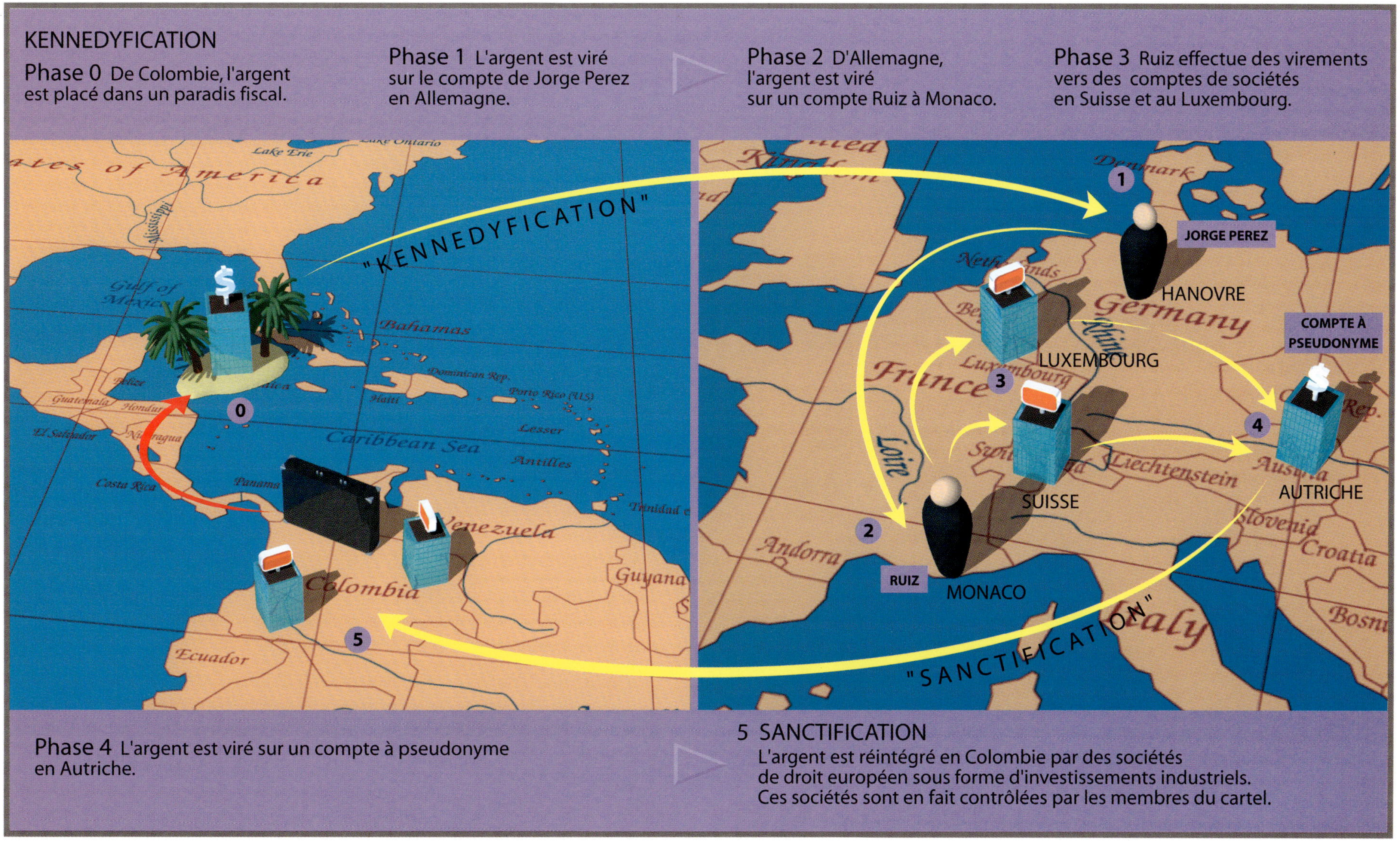

Franklin Jurado a mis sa typologie au point dans les années quatre-vingt, pour blanchir les fonds du cartel de Cali. Elle répondait à une partie du problème posé aux trafiquants colombiens : comment rendre les fonds criminels de plus en plus respectables. Il avait découpé le processus en deux étapes : 1°) La «Kennedyfication», qui est le blanchiment proprement dit (Joseph Kennedy avait fait fortune avec le trafic d'alcool, son fils fut ensuite président des États-Unis) au cours duquel l'argent doit devenir de plus en plus honorable. 2°) La «sanctification», qui lui permet de revenir en odeur de «sainteté» et non plus de mafia. Jurado avait aussi de l'humour...

essentiellement de l'importance des sommes en cause. Le choix des techniques de recyclage tiendra d'abord au niveau atteint par l'organisation mafieuse et notamment aux sommes qu'elle est capable de manipuler. Il dépendra ensuite de l'utilisation finale qu'elle voudra faire du produit de l'argent criminel. Une organisation criminelle cherche-t-elle à blanchir des sommes de faible ou moyenne importance ? Il est inutile qu'elle adopte un circuit long et complexe. La qualité (c'est-à-dire la sécurité pour le blanchisseur) d'un processus de blanchiment ne dépend pas forcément de sa longueur ou de sa complexité. Il ne résulte que de son adéquation au résultat visé. Selon l'objectif recherché et l'utilisation prévue, certaines techniques seront plus appropriées que d'autres : si par exemple une somme doit être rapidement dépensée ou réinvestie, il ne sert à rien d'utiliser des procédés qui sont plutôt destinés à rémunérer une épargne. Inversement, si l'on peut jouer au casino avec des liasses de billets de banque, on ne participe pas à une OPA en posant une valise de dollars sur la table.

C'est pourquoi il conviendrait de réfléchir à une autre typologie du blanchiment, plus dynamique car plus proche des réalités, c'est-à-dire des besoins des organisations criminelles, et des contraintes qu'elles rencontrent.

Il faut partir des besoins du possesseur de fonds à blanchir. Ils peuvent être de trois sortes. Ce peut être d'abord un besoin de consommation immédiate : il lui faudra dans ce cas une liquidité forte, c'est-à-dire des capitaux tout de suite disponibles. Si c'est un besoin d'investissement, les capitaux nécessaires, en général déjà plus importants, ne requièrent qu'une liquidité moyenne. Cela suppose qu'ils soient néanmoins facilement convertibles. S'agit-il enfin d'un besoin de capitalisation, les capitaux doivent être invisibles, et peu importe leur liquidité, qui peut être faible.

A côté de ses besoins, le blanchisseur doit tenir compte des contraintes liées à son environnement. En premier lieu, des contraintes de volume : plus la masse d'argent à blanchir est importante, plus il convient d'être prudent. Cette contrainte de volume dépend elle-même en effet d'une contrainte de légalité : les précautions à prendre et la complexité des techniques doivent s'adapter au niveau de pression exercée par les autorités légales. D'où la dernière contrainte, celle de crédibilité, qui résume les précédentes :

La fausse spéculation immobilière

1 Le trafiquant verse l'argent sale sur un compte off shore à Antigua et Barbuda.

2 Un chèque de banque d'1,5 MF est remis à une compagnie d'assurances en paiement d'un contrat d'assurance vie au profit d'un parent du trafiquant.

3 Le bénéficiaire du contrat sollicite un prêt bancaire d' 1,5 MF cautionné par le contrat, afin d'acquérir un immeuble.

OPÉRATION APPARENTE

Achat d'un immeuble devant notaire, le prix est égal au montant du prêt, 1,5 MF.

D'importants travaux de rénovation et d'embellissement sont réalisés pour un montant total de 2 MF.

L'immeuble est revendu 5 MF. soit avec une plus value officielle de 1,5 MF.

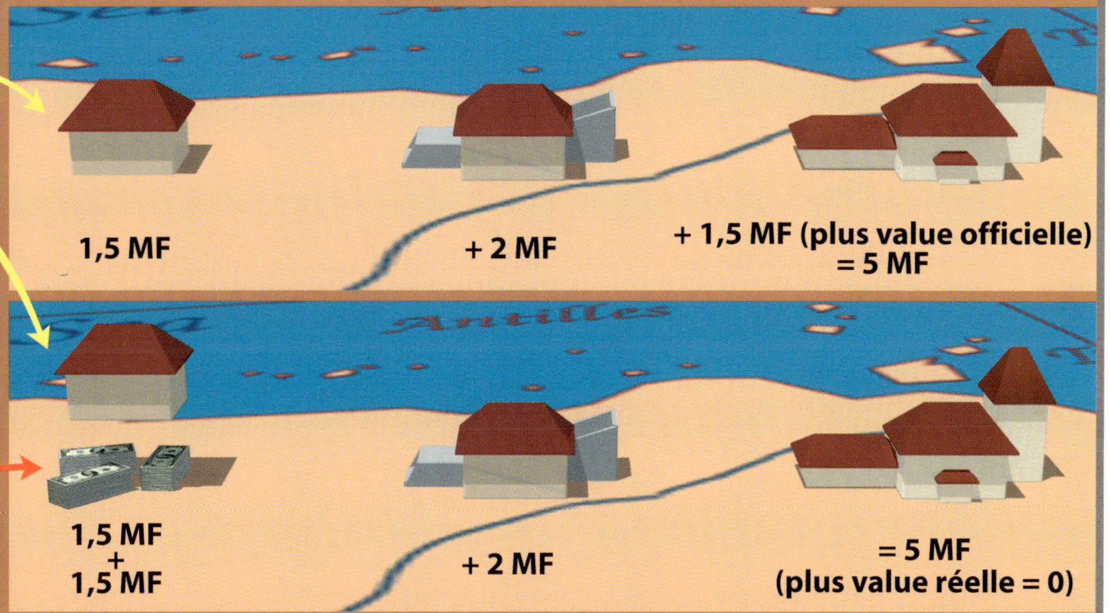

OPÉRATION RÉELLE

Outre la somme financée par le prêt d'1,5 MF garanti par le contrat d'assurance vie, le blanchisseur verse un dessous-de-table de 1,5 MF en liquide au vendeur avec de l'argent sale. Le vendeur reçoit ainsi la valeur réelle du bien, soit 3 MF.

Compte tenu du montant des travaux, l'immeuble est revendu au prix du marché, et la plus value apparente est constituée par le montant du dessous de table initial. L'opération a été financée pour la moitié avec de l'argent sale et pour l'autre moitié par de l'argent déjà blanchi.

Dans cet exemple, il est montré comment on peut combiner plusieurs techniques de blanchiment différentes dans un même processus. Les sommes injectées n'ont pas toutes suivies le même circuit, une partie parcourant un cycle plus long que l'autre. Mais le fractionnement de la somme globale en montants plus faibles peut permettre de diluer le risque global de l'opération.

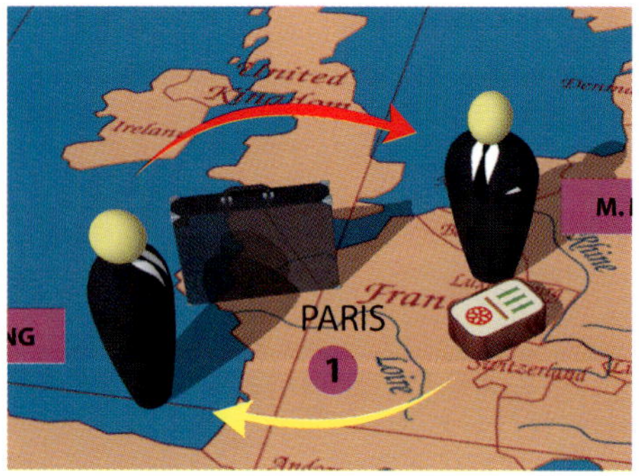

l'honorabilité des fonds est proportionnelle à celle de son détenteur. Le professeur de lutte gréco-romaine, propriétaire d'une salle d'entraînement dans une banlieue moscovite, se fera vite remarquer si, à peine débarqué de l'aéroport de Roissy, il veut racheter une compagnie d'assurances. Cette règle de principe permet de comprendre autre chose : le blanchiment n'est pas forcément un processus unique et isolé. Plus les sommes à blanchir sont importantes, plus il faudra ajouter, les uns sur les autres, des cycles de blanchiment, chaque fois plus complexes. On augmentera chaque fois la sophistication des techniques, jusqu'à obtenir une adéquation suffisante entre l'honorabilité des fonds et celle de leur détenteur. Il faudra tout un aréopage de sociétés-écrans et d'hommes de paille, de financiers connus et de juristes réputés, pour dissimuler le camorriste napolitain derrière un réseau d'entreprises à la façade honnête et respectable.

Dans la mise en œuvre de leurs dispositifs, les blanchisseurs combinent donc de nombreuses techniques, destinées à répondre à des besoins variés en tenant compte des contraintes particulières qu'ils rencontrent. Il est parfois dangereux d'en faire trop peu, comme il est inutile d'en faire trop : pourquoi déploierait-on des efforts importants pour blanchir de l'argent sale en Russie, puisque l'économie, la finance et la politique y sont presque entièrement sous contrôle mafieux ? Mais la médaille a son revers : les capitaux venant directement d'Ekaterinbourg ou de Novossibirsk auront quelque peine à s'intégrer dans l'augmentation de capital d'une entreprise nationale. On pourra faire passer sans entrave des fonds douteux dans un paradis bancaire ou fiscal, mais l'opération inverse mérite quelques précautions. Le mieux est d'appartenir à une communauté ethnique assez riche, mais hermétique. Avec le système de la « banque hawala », largement répandu dans ces communautés, les échanges de fonds au sein de la diaspora peuvent être volumineux sans que les services de police en puissent mais.

Une typologie dynamique

Dans cette optique, la meilleure classification des techniques de blanchiment apparaît la suivante :

La banque « hawala »

1 A Paris, M. Wang remet à M. Ming une somme à blanchir de 1 million de $. En échange, M. Ming donne à M. Wang un jeton à remettre à une tierce personne, M. Tchang de Hong-Kong.

2 M. Wang adresse son jeton à Hong-Kong, à M. Tchang. Ce dernier vire 1 million de $ sur le compte de M. Wang à Paris.

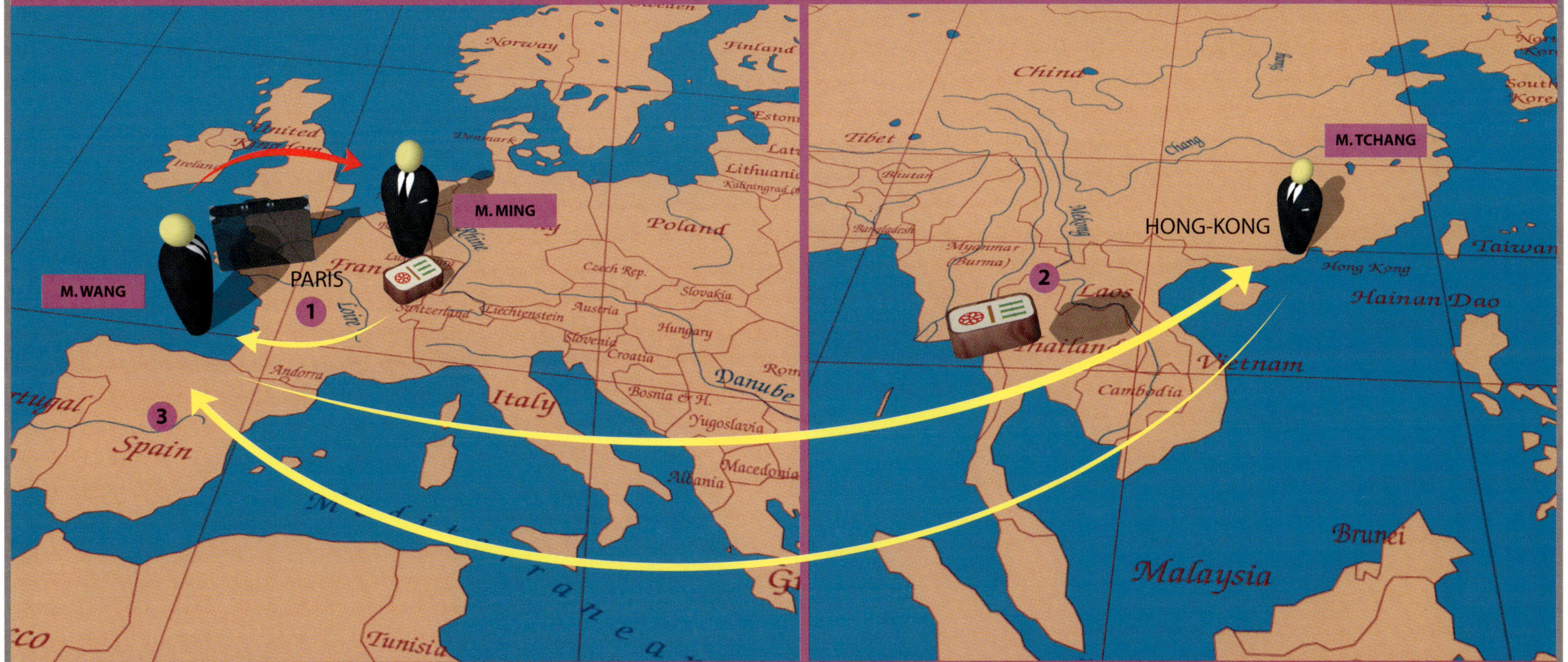

3 Sans même avoir quitté Paris, M. Wang a blanchi 1 million de $ en passant par Hong-Kong. En cas d'enquête sur l'origine de cette somme, il la justifiera par un héritage à Hong-Kong, et aucun lien ne pourra apparaître avec son trafic à Paris.

M. Ming et M. Tchang, tous deux commerçants, sont en compte pour leurs affaires. La somme de 1 million de $ viendra en compensation dans leurs échanges.

On nomme banque « hawala » la technique de compensation financière effectuée couramment dans leurs opérations commerciales entre les membres d'une même communauté ethnique. Leurs rapports reposent sur une forte cohésion sociale et une confiance absolue dans la régularité de leurs échanges. Ces compensations financières n'ont rien d'illégales en elles-mêmes, mais elles peuvent servir à des opérations de blanchiment qui seront à peu près indétectables, en raison de l'opacité des relations internes à la communauté et de la difficulté de vérifier les allégations sur l'origine de l'argent à l'étranger.

Le blanchiment élémentaire. C'est celui qui vise à transformer par le circuit le plus court des liquidités « sales » en argent propre. Côté besoins, il pourra s'agir d'opérations ponctuelles, épisodiques ou d'assez faible importance, destinées surtout à être utilisées dans des dépenses de consommation immédiate ou des investissements peu coûteux. Du point de vue des contraintes, ce mode de blanchiment concerne des zones de faible pression légale ou des utilisations dans des secteurs marginaux de l'économie normale. Les techniques mises en œuvre seront peu complexes, puisqu'il ne sera pas nécessaire de faire intervenir de nombreux leurres : faux gains au jeu, introduction de l'argent sale dans les recettes en liquide d'un commerce, échange de devises dans un bureau de change, etc.

Le blanchiment élaboré. Il correspond au désir de réinvestir le produit de l'argent criminel dans des activités légales nettement plus importantes que dans le cas précédent. Il concerne plutôt des sommes déjà élevées, de périodicité régulière, ce qui justifie des circuits stables de recyclage. Du point de vue des contraintes, ce mode de blanchiment concerne des zones de pression légale élevée, ou des utilisations requérant une forte crédibilité.

A ce niveau, pourront aussi être traitées des sommes provenant de sources diverses, ayant déjà subi un premier blanchiment élémentaire. Par exemple, un revendeur de drogue ayant un trafic florissant sera vite embarrassé pour justifier l'ensemble de ses ressources. Dans un premier temps, il pourra en blanchir une partie grâce à de faux gains au jeu, une autre en les mélangeant aux revenus d'un petit commerce, et le reste avec les loyers des appartements qu'il a achetés dans son quartier au nom des membres de sa famille. Si son commerce illicite continue de se développer, viendra le moment où il devra réunir les fonds de ces diverses origines et les revenus criminels qu'il continue d'accumuler, en utilisant d'autres moyens plus élaborés de recycler l'ensemble. Il pourra alors se livrer par exemple à des spéculations immobilières simulées, qui justifieront les rentrées soudainement plus importantes qui sont désormais les siennes. Il aura dû, entre-temps, créer plusieurs sociétés commerciales, s'entourer de juristes et de financiers avisés, ouvrir des comptes bancaires dans des paradis

Les faux gains au jeu

1 Un client achète des plaques de jeu avec de l'argent sale

2 Il convertit ces plaques en argent versé par le casino

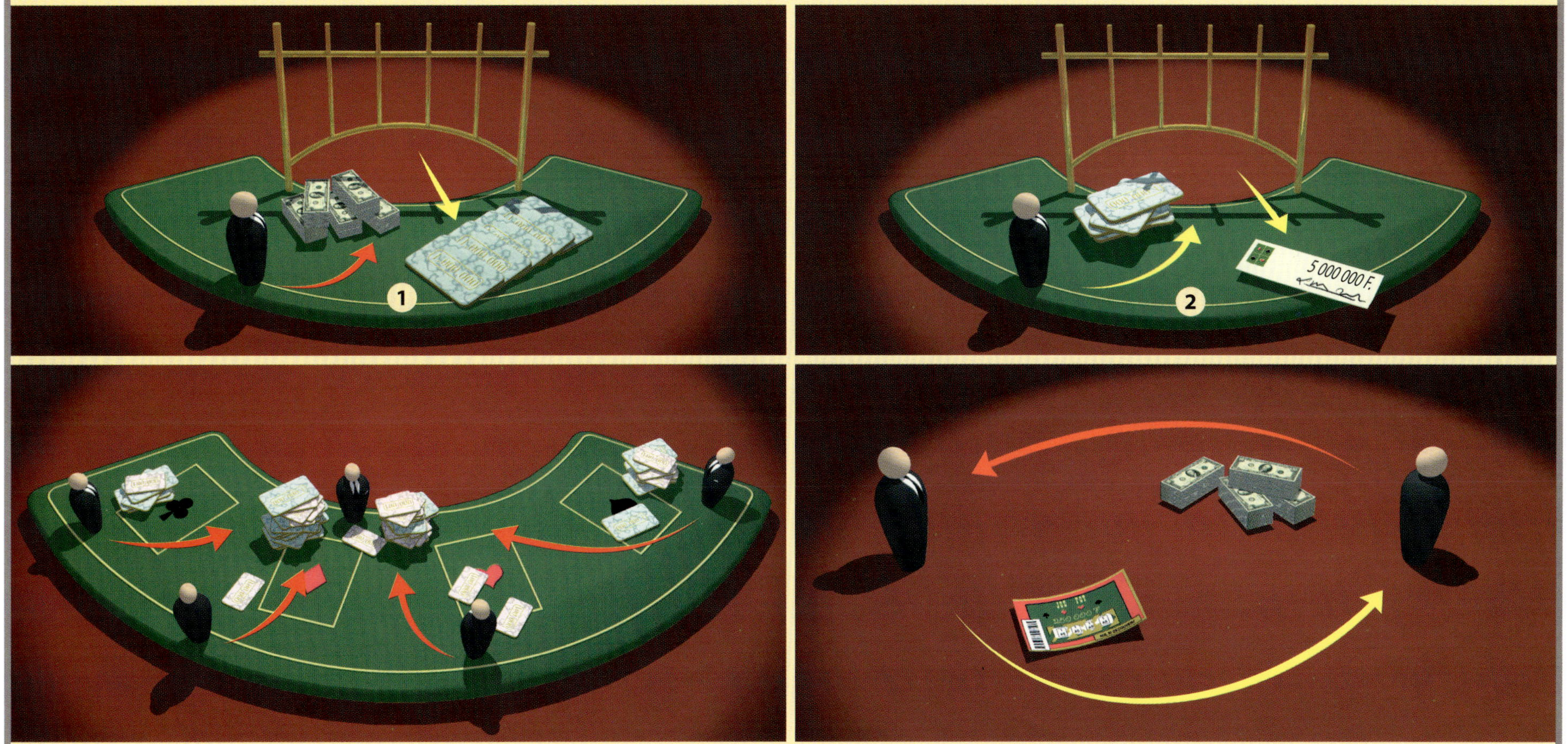

Des joueurs complices jouent et perdent de l'argent sale à une table de jeu.
Un des leurs tient la banque et reçoit l'argent blanchi par le jeu.

Le blanchisseur propose au gagnant du gros lot à la loterie, de lui racheter son billet plus cher que sa valeur.
Il présentera le billet gagnant au paiement et justifiera ainsi de l'origine de ses gains.

Pour des sommes d'importance faible ou moyenne, le gain de jeu simulé peut être une technique simple de blanchiment. Il existe d'ailleurs de multiples variantes utilisant les casinos pour simuler des gains fictifs. Les truands affectionnent les établissements de jeu, et ont souvent utilisé leurs possibilités pour recycler de l'argent sale. L'idéal à cet égard est de devenir propriétaire d'un casino. Il semble que l'intérêt des organisations criminelles pour ce mode de blanchiment ait toutefois diminué. D'une part la surveillance policière y est souvent importante, d'autre part le montant des sommes qu'on peut blanchir par ce moyen est quand même limité.

fiscaux, bref, se doter de tout un éventail de structures et de conseillers pour faire fonctionner l'ensemble de ses activités dont les unes sont devenues légales et visibles, les autres demeurant illégales et invisibles.

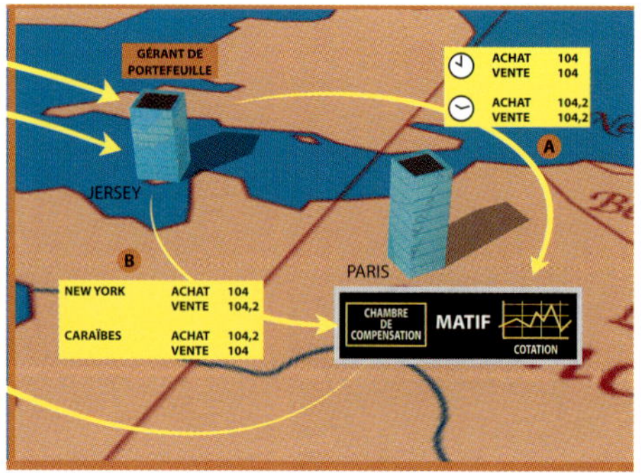

Le blanchiment sophistiqué. A partir d'un certain niveau, le blanchisseur ou l'organisation criminelle ne pourraient justifier par les moyens de l'économie traditionnelle l'origine des fonds que leur ont procurés leurs activités délinquantes, d'autant que ces capitaux sont souvent amassés dans de très brefs délais. Or il est bien rare que des fortunes importantes se créent honnêtement sans qu'on sache, au moins à peu près, de quelle manière elles se sont formées. Il est certes facile, quand on dispose de sommes élevées, de les faire fructifier sur les marchés financiers où, moyennant quelques précautions élémentaires, personne ne vous demande d'où vient votre argent. Pour blanchir quelques centaines de millions de francs sur le Matif ou le Liffe, le faux épicier de Catane ou l'ancien coiffeur de Corleone, vrais parrains mafieux, pourront se contenter de faire passer leurs ordres par une société-coquille de droit panaméen ayant un compte aux îles Vierges, où est déposé l'argent sale, et un autre dans une banque à New Delhi où il est ensuite transféré pour les besoins de l'opération. La banque indienne adressera ensuite les ordres à sa correspondante parisienne ou londonienne, et personne ne pourra remonter la filière. Mais le problème se situe quand il faut récupérer les fonds versés par la chambre de compensation du marché financier. A Catane ou à Corleone? Evidemment pas. Le mieux est alors de le laisser sillonner les marchés financiers, d'un placement à un autre. Le tout est de disposer d'un réseau dense de sociétés commerciales éparpillées à travers le monde, comprenant si possible des sociétés d'import-export, des compagnies aériennes, des banques ou des compagnies d'assurances. L'argent y circulera au gré des spéculations réelles ou supposées, en irriguant les comptes en banque des administrateurs représentant en sous-main l'épicier de Catane ou le coiffeur de Corleone, dont les enfants terminent leurs études à Harvard ou à Sciences Po. Autant dire que, désormais, l'argent du crime peut affronter sans crainte l'examen pointilleux des autorités dans les pays du G7, où la pression légale est généralement élevée, son utilisation devenant

L'aller-retour sur un marché financier

CE QUI SEMBLE SE PASSER

1 Le client de New-York passe un ordre d'achat et de vente sur le Matif en spéculant sur la hausse de l'indice.
Le client des Caraïbes procède de même. Les deux clients, dont les comptes sont gérés par le même gérant de portefeuille, sont indépendants l'un de l'autre.

CE QUI SE PASSE RÉELLEMENT

A Le gérant de portefeuille demande à la société de bourse parisienne adhérente du Matif de passer deux ordres successifs d'aller-retour.
Il achète et revend en même temps 1000 contrats à 104 % et quelques instants plus tard, 1000 contrats à 104,2%. Chaque contrat vaut 500 000 F, le dépôt de garantie est de 15 000 F par contrat.

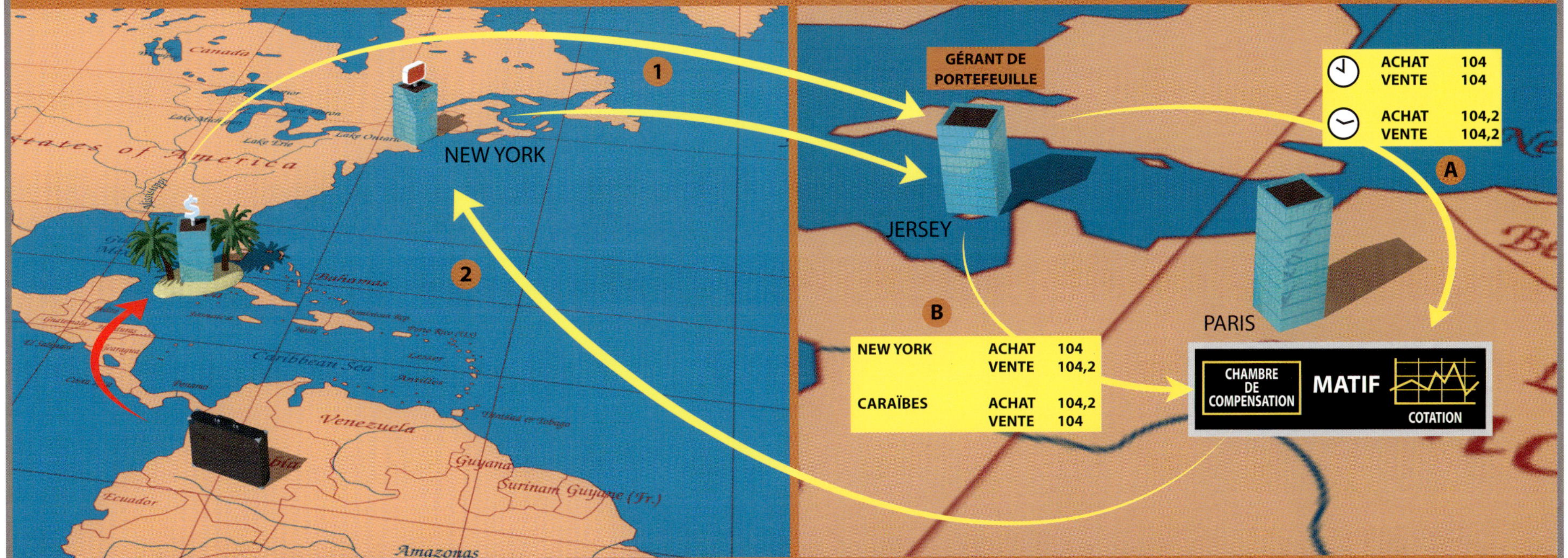

2 Le client de New-York achète 1000 contrat, d'une valeur nominale de 500 000 F, à 104%, et en vend 1000 à 104,2% soit un gain de
500 000 F x 1000 x (+0,2%) = +1 000 000 F.
Le client des Caraïbes achète 1000 contrats à 104,2% et les vend à 104%, soit une perte de 1 000 000 F.
500 000 F x 1000 x (-0,2%) = -1 000 000 F.

B Le gérant de portefeuille après avoir effectué les deux aller-retour, affecte la perte au client des Caraïbes, et le gain à la société de New-York, soit 1 000 000 F.
Le client de New-York à gagné sur le Matif la somme à blanchir, sans qu'à aucun moment il n'apparaisse de lien entre lui et les Caraïbes.
Il recevra son paiement de la chambre de compensation du Matif.

L'aller-retour est une pratique connue sur les marchés financiers qui peut être aisément utilisée pour blanchir de l'argent sale. Il ne semble pas pourtant que des poursuites aient jamais été engagées jusqu'à présent. On peut renouveler l'opération de nombreuses fois dans la même journée. En raison de l'importance des sommes échangées chaque jour sur ces marchés, même de gros montants paraîtront insignifiants, et seront donc indétectables. On peut évidemment opérer sur autant de marchés que l'on veut, à Londres, à New York, à Tokyo, à Francfort...

même d'autant plus crédible qu'il a mieux franchi les étapes de sélection que le Gafi impose à ces pays modèles.

Le crime invisible

Cette nouvelle approche révèle plusieurs données essentielles. Il existe un mécanisme de blanchiment pour chaque besoin. Le tour de main consiste à diversifier et à cloisonner les circuits. On peut blanchir par le jeu, par exemple, une somme de 100 000 francs sans éveiller l'attention de personne. Mais un vrai-faux gain de 100 000 francs par semaine peut attirer assez vite l'attention du fisc ou celle d'un policier moyennement curieux. Le «joueur» aura pour solution d'investir ses gains dans l'achat de commerces, pour mélanger ensuite les fruits de ses trafics avec les recettes légales. Plus l'argent noir sera abondant, plus les techniques devront être élaborées. La règle d'or est de ne jamais laisser apparaître de distorsion criante entre les rentrées d'argent blanchi et les revenus officiels, et de pouvoir justifier au moins approximativement le niveau de vie que l'on montre.

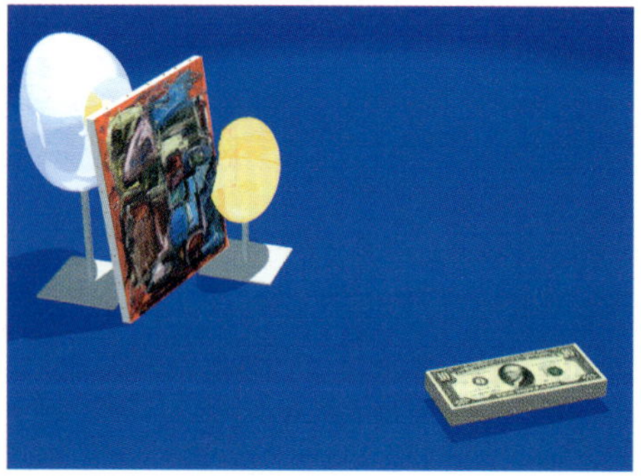

Certes, l'état de faiblesse des polices à travers le monde, et surtout l'insuffisance des législations antiblanchiment, rendent encore très incertains les rapprochements qu'on peut faire entre les moyens d'existence avérés d'une personne et ses moyens réels. Il n'empêche qu'à partir d'un certain ordre de grandeur, même si les polices et les services fiscaux n'ont pas les moyens d'une étude très fine, les sommes engagées ne peuvent être manipulées qu'à condition de répondre à certains critères étroits de solvabilité et de crédit, qui ne peuvent être obtenus qu'en répondant à des normes exigeantes, fixées par les professionnels de l'économie et de la finance. Ces critères ne sont pas moraux, évidemment, ils sont seulement techniques, ce qui veut dire que les blanchisseurs devront s'être dotés de toutes les structures nécessaires pour présenter une surface économique et financière insoupçonnable en matière de solvabilité et de crédit. Nul doute dans ces conditions que l'apparence de légalité de leurs activités sera au moins aussi convaincante que celle d'opérateurs non criminels.

Loin d'être des opérations isolées ou ponctuelles, comme le laisse croire la typologie classique, les processus de

La fausse vente aux enchères

1 Un trafiquant met aux enchères des œuvres d'art contemporain, ou des statuettes d'art précolombien ou africain… Ces objets sont difficilement identifiables.

2 Avant la vente, il remet une somme d'argent en liquide à un complice.

3 Le trafiquant vend ses œuvres d'art aux enchères, et son complice les achète. Le premier reçoit, en paiement de ses objets d'art, le montant de la somme qu'il voulait blanchir. Cette somme lui est remise par le commissaire priseur.

4 Après la vente aux enchères, le complice restitue les œuvres d'art à son ancien propriétaire et perçoit une commission.

Le commerce des objets d'art est l'un des moins contrôlables, car l'identification des objets peut être particulièrement difficile, parfois impossible. Par ailleurs, la valeur d'une œuvre d'art est très subjective, et donc difficilement vérifiable. De nombreuses opérations de blanchiment semblent avoir été effectuées sur le marché des œuvres d'art, entraînant parfois une hausse générale du marché.

blanchiment nécessitent ainsi, au contraire, toute une industrie, composée d'une multitude d'activités fantômes coordonnées à d'autres qui sont parfaitement légales et réelles. L'ensemble est destiné à donner toutes les apparences de licéité à l'argent sale en circulation. Le développement considérable des paradis bancaires et des sociétés off shore a été parallèle à l'augmentation des activités fictives justifiées par les seuls besoins de dissimulation d'argent sale. Pourquoi a-t-on laissé ces havres criminels se multiplier ? Parce que la finance occulte a toutes les apparences de la vraie. Elles partagent les mêmes circuits et répondent aux mêmes exigences de solvabilité et de crédit. La déréglementation financière a profité à tout le monde, et l'on est bien en peine maintenant de séparer le bon grain de l'ivraie. La multiplication et la diversification des méthodes de blanchiment finissent par engendrer une économie virtuelle, où règne l'illusion. Le fait que cette économie virtuelle soit imbriquée dans des activités légales réelles ne peut que parfaire le mirage. Une économie et une finance en trompe-l'œil prennent les allures d'un édifice utile et solide. Une myriade de sociétés-écrans, de

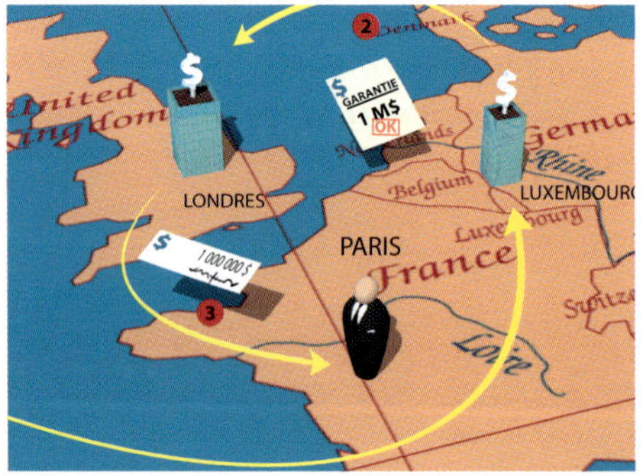

banques infiltrées par des organisations criminelles, d'entreprises fictives ou sous contrôle mafieux commercent, échangent et trafiquent les unes avec les autres, donnant la fallacieuse impression d'une rationnelle harmonie, où chaque opération trouve sa crédibilité naturelle. Comment mettre en doute l'utilité des swaps, avec lesquels jongle n'importe quelle firme dont la trésorerie est bien gérée ? Pourquoi s'interroger sur le succès des produits dérivés, puisque la spéculation est à la portée du premier venu ? Comment douter de l'honorabilité des établissements financiers, puisqu'ils manipulent les capitaux qui irriguent l'économie mondiale ? Comment imaginer qu'au cœur du capitalisme financier, est tapi le cancer qui le ronge ?

Croit-on qu'on exagère ? Quelques affaires – BCCI, Jurado – ont montré qu'il existait déjà, à des niveaux extrêmement élevés, une corruption majeure du système financier. Toute la question est de savoir quelle est la part qu'ont prise cette économie et cette finance virtuelles au milieu des activités régulières. Il faut à cet égard rappeler l'énormité des sommes en cause dans les circuits de blanchiment, et leur effet cumulatif. Il faut se souvenir aussi des

Le prêt adossé

1 L'argent à blanchir -1 M$- est déposé dans une banque off shore aux Caraïbes, puis viré au Luxembourg.

2 La somme est bloquée sur un compte bancaire. Elle sert de garantie à un contrat de prêt que la blanchisseur va conclure avec une banque londonienne.

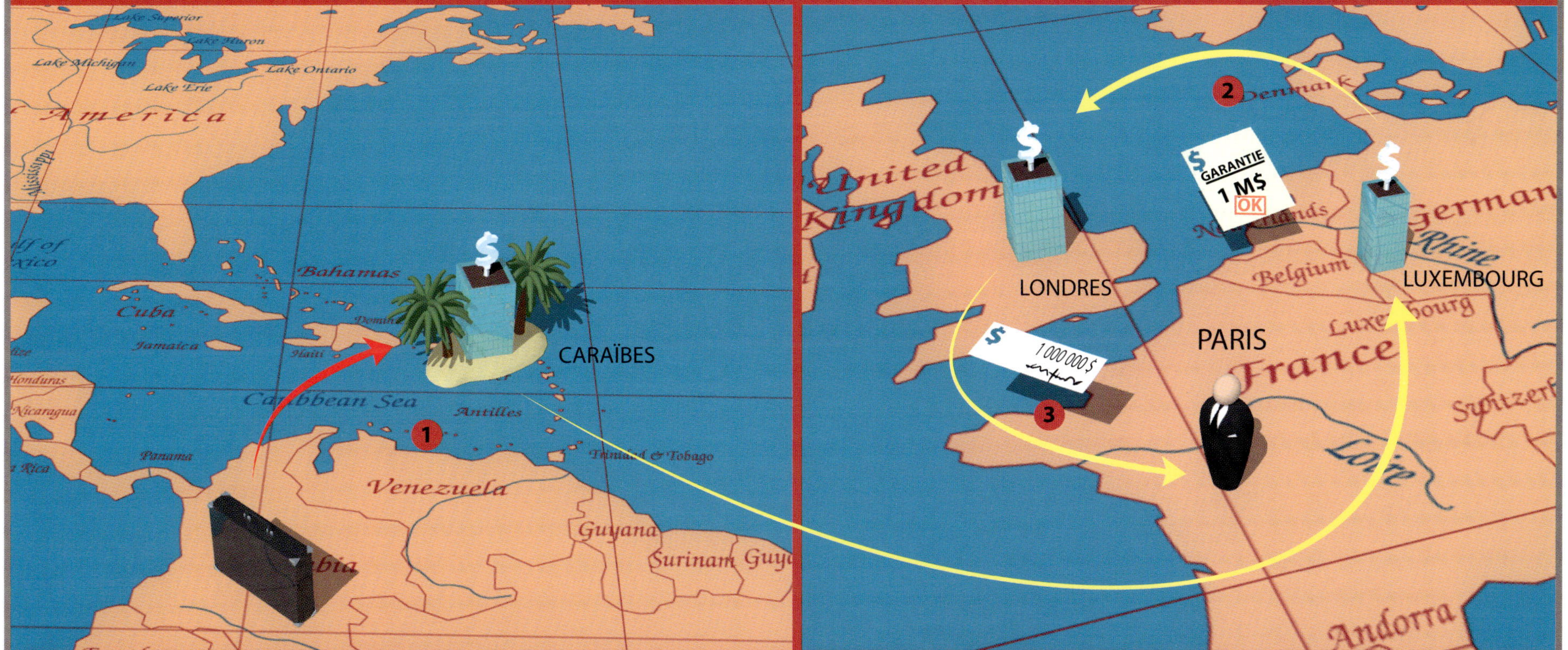

3 L'argent mis à disposition du blanchisseur à Londres n'a aucun lien apparent avec l'argent déposé au Luxembourg

Si le blanchisseur ne rembourse pas le prêt, la banque londonnienne fera jouer la garantie et se fera payer par la banque luxembourgeoise. S'il utilise le prêt dans un investissement rentable et le rembourse, la somme déposée au Luxembourg pourra servir à garantir unautre prêt.

Technique financière classique du blanchiment, le prêt adossé a été notamment utilisé par la *Pizza connection.* C'est un procédé simple et habile, qui est très difficilement détectable, surtout quand sont utilisées des banques se trouvant dans des pays différents. Le blanchisseur paraîtra en effet avoir reçu un simple prêt, alors qu'il n'a pu l'obtenir qu'en déposant la même somme en garantie de ses remboursements. Ce prêt n'a évidemment aucun lien apparent avec l'activité criminelle.

dérèglements croissants des équilibres financiers mondiaux, qui ne s'expliquent, au moins pour partie, que par l'effet perturbateur de masses financières qui ne respectent pas les règles du jeu financier normal. Les crises immobilières, les spéculations sur le marché des œuvres d'art, et même les bulles boursières, sont régulièrement souçonnées d'être en rapport avec l'argent sale. «Bien que les causes en soient variées et complexes, avouait le directeur général du FMI, M. Michel Camdessus, le 21 janvier 1998, nombre de problèmes à l'origine des difficultés de l'Asie sont notoirement liés aux défauts ou à l'opacité de la gestion publique.» Et il n'hésitait pas à pointer du doigt ces défauts : la corruption, «les relations incestueuses entre les pouvoirs publics, les grandes entreprises et les institutions financières», «l'irresponsabilité diffuse» et «le manque de transparence de l'administration». Comment douter que le phénomène soit universel, quand on sait que le Federal Reserve Board, qui est la banque centrale américaine, s'est fait épingler par le Gafi pour envoyer quotidiennement, par coupures de 100 dollars, des containers entiers d'argent liquide dans les

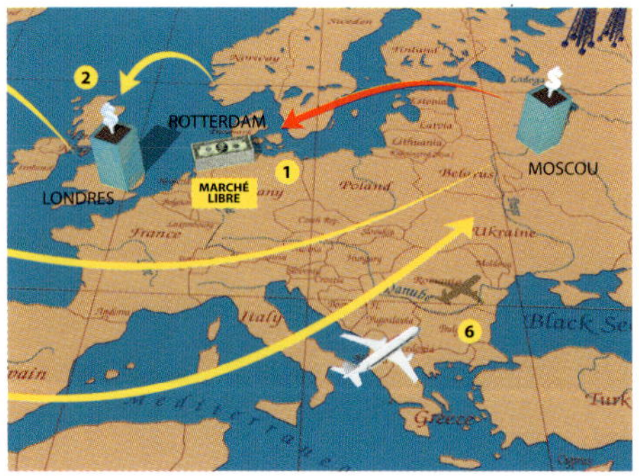

banques moscovites sous contrôle mafieux? Du blanchiment à l'envers, en quelque sorte, où l'argent détourné du pétrole sibérien permet de se procurer des billets neufs, qui serviront à leur tour aux transactions en espèces de la mafia russe... Mais le Fed gagne 15 milliards de dollars par an en vendant ses billets de banque à l'étranger!

Plus les sommes sont grosses, plus elles échappent aux circuits traditionnels de l'économie pour se réfugier dans les secteurs de la finance internationale. C'est en effet aujourd'hui le secteur le plus opaque des échanges mondiaux puisqu'il échappe à peu près complètement au contrôle des États, tout en portant sur des masses d'argent considérables.

N'est-il pas étrange que plus les sommes à dissimuler sont importantes, plus il soit devenu facile de les blanchir? Et pourtant, les circuits financiers internationaux garantissent une sécurité absolue aux grandes opérations de blanchiment. Certaines techniques sont indétectables et conduisent à ce paradoxe aberrant de la mondialisation criminelle : plus le crime est important, moins il est visible.

Le blanchiment à l'envers

1 La mafia russe détourne du pétrole sibérien et le vend sur le marché libre de Rotterdam pour 40 millions $.

2 L'argent est déposé sur un compte dans une banque londonienne

3 La mafia russe à travers les banques qu'elle contrôle, passe commande de billets neufs à une banque privée de New-York.

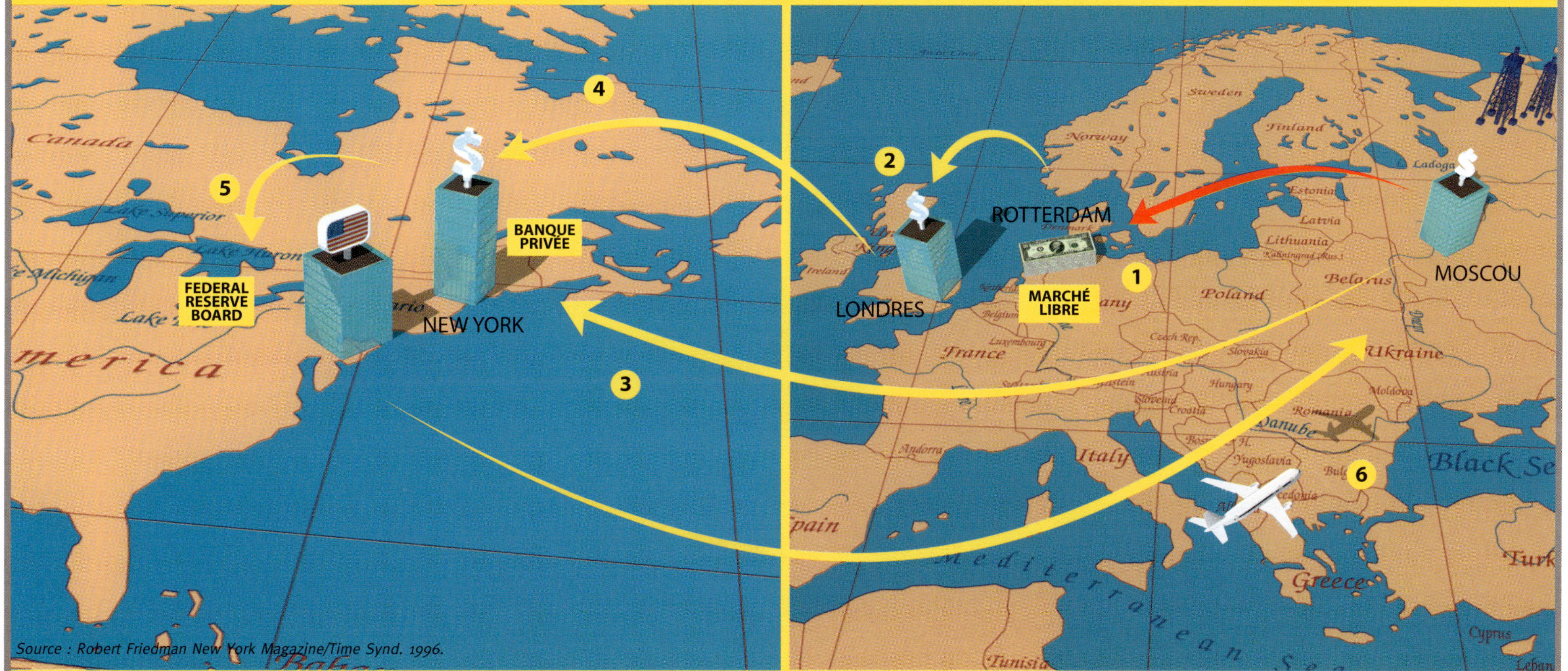

Source : Robert Friedman New York Magazine/Time Synd. 1996.

4 Londres vire les 40 millions $ à la banque privée new-yorkaise.

5 La banque de New-York achète au Federal Reserve Board pour 40 millions $ de billets neufs

6 Le FED livre les billets neufs qui sont acheminés vers des banques sous contrôle mafieux à Moscou. Ces billets peuvent servir ultérieurement pour des opérations illégales en liquide.

Dans son rapport du 28 juin 1996, le GAFI écrivait : «*...au cours des dix-huit derniers mois, environ 100 millions de dollars des États-Unis en espèces ont été rapatriés des États-Unis vers la Russie chaque jour, essentiellement par deux banques américaines, en réponse à des commandes de banques russes. Compte tenu des montants élevés d'espèces commandées, il est concevable qu'une partie au moins des fonds sera utilisée pour fournir les besoins du crime organisé russe...*» Quel autre besoin en effet les banques russes pourraient-elles avoir de billets neufs de 100 dollars enfermés dans leurs coffres ?

MONEP

ACHATS / VENTES 08-01-96

ACHAT DE CALLS SUR INDICE COURT TERME (P x1)

prix d'exercice	échéance	nombre de lots	cours	prime versée
1925	31-01-96	125	37	925 000 F
1900	31-01-96	125	52	1 300 000 F
1950	31-01-96	125	43,5	1 087 500 F
1925	31-01-96	125	27	675 000 F
prime versée correspondant à de l'argent blanchi				3 987 500 F

DÉBOUCLEMENT 10-01-96

VENTE DES CALLS

prix d'exercice	échéance	nombre de lots	cours	prime reçue
1925	31-01-96	125	32	800 000 F
1900	31-01-96	125	50	1 250 000 F
1950	31-01-96	125	53	1 325 000 F
1925	31-01-96	125	39	975 000 F
prime reçue par le blanchisseur				4 350 000 F

+ 362 500 F

RÈGLEMENT MENSUEL

ACHATS / VENTES 08-01-96

ACHAT DE PANIERS D'INDICE CAC 40

cote	1927,44
valeur du point	200 F
achats de 500 paniers 1927,44 x 200 x 500	192 744 000 F*
dépôt de garantie de 20% correspondant à de l'argent blanchi	38 548 800 F

DÉBOUCLEMENT 10-01-96

VENTE DES INDICES CAC 40

cote	1908
valeur du point	200 F
vente de 500 paniers 1908 x 200 x 500	190 800 000 F

- 1 944 000 F

MATIF

ACHATS / VENTES 08-01-96

VENTE DE CONTRATS "FUTURE" CAC 40

cote	1936
valeur du point	200 F
vente de 530 contrats 1936 x 200 x 530	205 216 000 F
dépôt de garantie de 30 000 F / contrat correspondant à de l'argent blanchi	15 900 000 F

DÉBOUCLEMENT 10-01-96

ACHATS DE CONTRATS "FUTURE" CAC 40

cote	1915
valeur du point	200 F
vente de 500 paniers 1915 x 200 x 530	202 990 000 F

+ 2 226 000 F

TOTAL DES PERTES / GAINS : + 644 500 F.

prime versée	3 987 500 F

dépôt de garantie	38 548 800 F
valeur des paniers achetés	192 744 000 F*

dépôt de garantie	15 900 000 F

TOTAL DES SOMMES BLANCHIES : 251 180 300 F.

* Le règlement et la livraison des paniers d'actions achetés sur le marché à règlement mensuel (192 744 000 F) s'effectuent à la fin du mois de janvier. Mais l'opération de vente est reportée à la liquidation de février. Les deux branches de l'intervention sont ainsi dissociées, et la somme correspondant à l'achat (192 744 000 F) doit être effectivement versée. Elle correspond à de l'argent sale à blanchir. A la fin de février, le blanchisseur recevra de la chambre de compensation les 190 800 000 F de la vente, qui n'auront plus de lien avec l'argent sale.

Le blanchiment parallèle sur plusieurs marchés financiers

L'argent à blanchir est placé sur un compte off shore dans les îles Vierges. Les ordres ne sont pas donnés directement sur les marchés, mais passent par des banques de pays tiers pour empêcher de remonter vers le donneur d'ordres initial. De plus, aucune relation ne pourra être établie entre les opérations sur les trois marchés, puisque rien ne montre qu'elles ont la même origine.

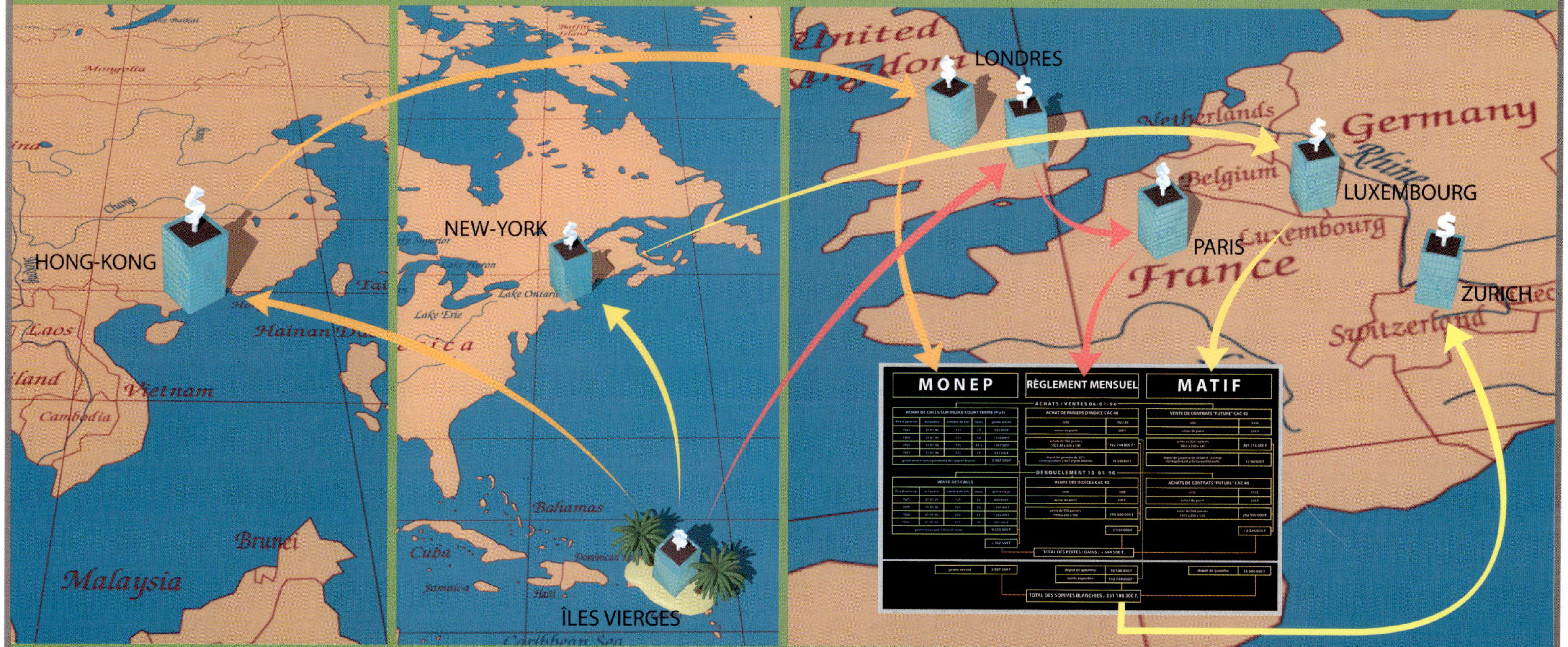

Cette simulation, réalisée en fonction des cours réels aux dates indiquées, est indétectable car elle concerne des mouvements faibles au regard des opérations effectuées à ces dates. Ainsi :
- Sur le Monep, les 500 lots échangés représentaient 5,1% du volume quotidien moyen de transactions sur le marché.
- Sur le marché à règlement mensuel, les montants échangés (192 744 000 F) représentaient moins de 6,1% des montants quotidiens sur les valeurs composant l'indice CAC 40.
- Sur le Matif, la quantité de contrats utilisés en couverture (530) représentait seulement 2,1% du volume quotidien moyen.

Cette simulation est purement théorique : elle est présentée à seule fin de montrer la facilité avec laquelle on peut blanchir des sommes illimitées (car les opérations peuvent être renouvelées tous les jours, sur tous les marchés et sur tous les produits financiers) en restant toujours en dessous des seuils de détection.

Cette simulation, réalisée les 8 et 10 janvier 1996, montre comment blanchir une somme de 250 MF avec un risque minime. Les opérations ont été calculées pour couvrir les achats effectués sur le Monep et le marché à règlement mensuel par une vente sur le Matif. Au jour du débouclement, il suffit de faire les opérations inverses. Cette triple opération est indétectable par les autorités de contrôle car toutes les interventions sont déconnectées les unes des autres. Les montants restent faibles par rapport aux échanges du jour. On peut renouveler ce type d'opérations sur n'importe quels marchés similaires dans d'autres pays, sur des montants même plus élevés et à n'importe quel moment.

>>> Le sursaut

démocratique

La criminalité économique et financière est le résultat naturel d'un certain capitalisme, comme l'est la corruption politique, comme le sont les paradis fiscaux. La situation italienne, à cet égard, n'est que l'expression emblématique des mutations du capitalisme : effacement du rôle de l'État dans l'administration de l'économie et crise de l'État-Providence.

Le modèle d'un capitalisme criminel

Antonio GIALANELLA, juge à Naples

La Camorra est un phénomène caractéristique de criminalité organisée. Elle prend ses racines dans le brigandage et s'épanouit avec la pauvreté traditionnelle du Mezzogiorno, dans le sud de l'Italie. À la fin de la Seconde Guerre mondiale, elle se développe en prenant le contrôle des marchés généraux de la région, grâce aux alliances nouées avec les nouveaux pouvoirs institutionnels. À partir des années soixante-dix, une fois établis des contacts directs avec la mafia sicilienne, elle conquiert d'énormes ressources financières, en jouant un rôle prépondérant d'intermédiaire dans le commerce international de la drogue.

LA CAMORRA, MODÈLE D'ENTREPRISE CRIMINELLE

L'observation des événements historiques qu'a connus l'Italie au cours de ces vingt dernières années permet d'attribuer à la Camorra la valeur d'un modèle. Dotée d'un extraordinaire dynamisme financier et d'un instinct commercial exceptionnel, l'antique organisation criminelle a étendu son emprise sur le marché italien et sur le marché mondial, comme une entreprise de premier plan. Le tribunal de Naples a pu, récemment encore, vérifier le déploiement de ses ramifications en Amérique du Nord et du Sud, et jusqu'en Afrique.

La Camorra est un modèle avant tout pour la rapidité de son adaptation. Le phénomène archaïque est devenu une holding moderne. Une structure mal articulée et un sommet instable ne l'ont pas empêchée d'acquérir des capacités économiques globales que les analystes estiment aujourd'hui supérieures à celles de la mafia sicilienne.

Le rachat de société au service du recyclage

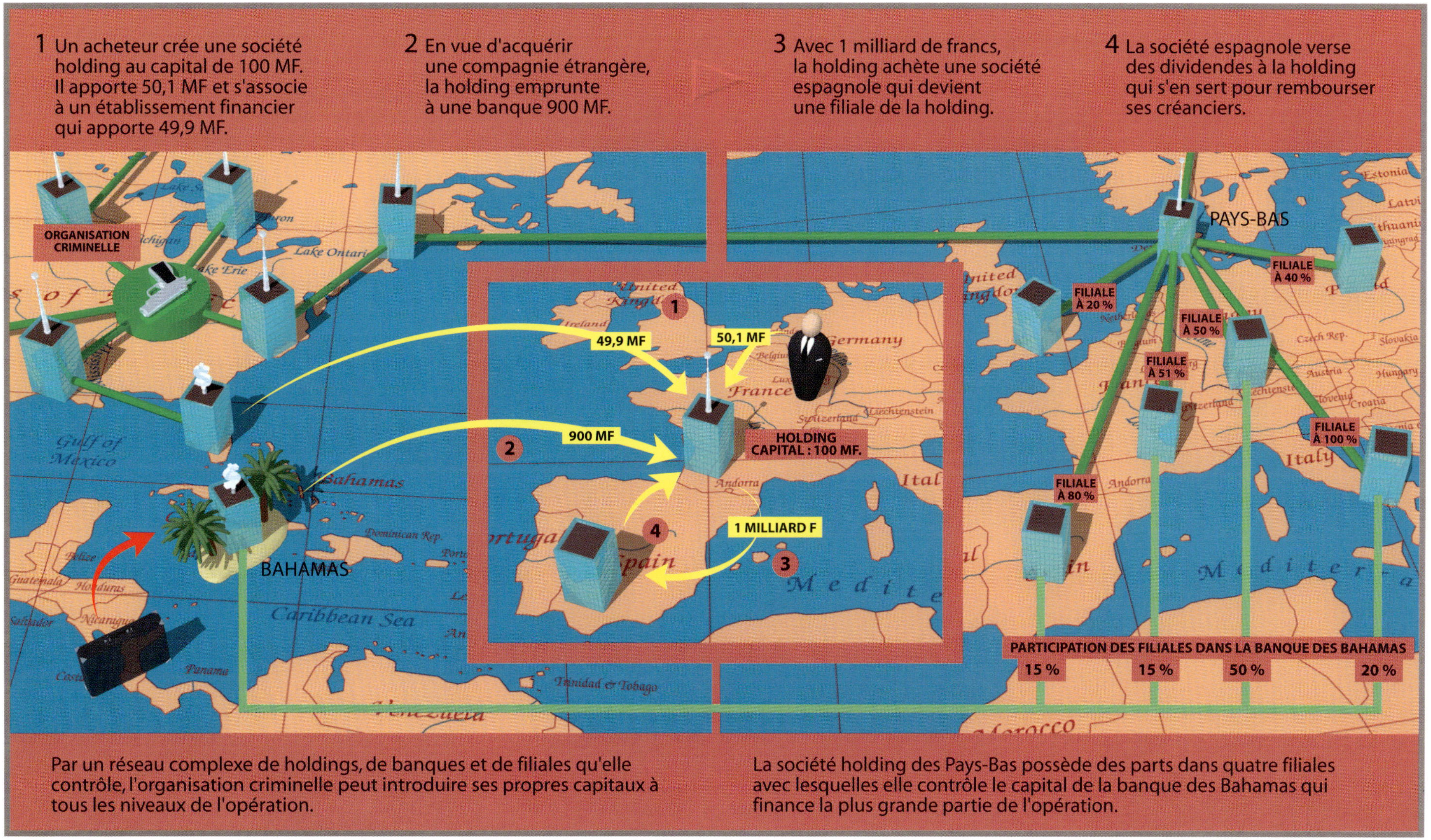

Le *leverage buy out* est une technique d'origine anglo-saxonne qui consiste à acheter une société avec un prêt, puis à rembourser ce prêt avec les dividendes versés à la société holding par la société rachetée. Une organisation criminelle peut contrôler une multitude de sociétés écrans, des banques, et toutes sortes d'entreprises sans jamais apparaître elle-même. L'imbrication de l'économie et de la finance légales avec l'économie criminelle est devenue totale. Qui saura, dans le LBO, que le prêt obtenu pour acheter une société, est financé par de l'argent sale lui-même déposé dans une banque sous contrôle mafieux ? Dans l'exemple montré ici, la holding française pourra même déduire ses frais financiers (remboursement des intérêts de l'emprunt) de son imposition... Ce type d'avantage rend la France très attractive pour un tel montage.

Une économie criminelle en phase avec le capitalisme

Comment la Camorra, grande organisation criminelle, est-elle devenue aussi un entrepreneur illicite ? Non parce qu'elle aurait exploité de l'extérieur l'ouverture des marchés, le déclin de l'État, les privatisations... mais parce que la criminalité économique et financière est le résultat naturel d'un certain capitalisme, comme l'est la corruption politique, comme le sont les paradis fiscaux. La situation italienne, à cet égard, n'est que l'expression emblématique des mutations du capitalisme : effacement du rôle de l'État dans l'administration de l'économie et crise de l'État-Providence.

L'aggravation de la corruption et de la grande délinquance économique et financière partout dans le monde pose la question du pouvoir dans les sociétés démocratiques occidentales. Cette question renvoie, à son tour, à la crise du modèle «fordiste» de l'État social, qui servait de fondement à la croissance des pays industrialisés.

Conçu sur des bases nationales et sur la suprématie d'une industrie protégée au sein des marchés nationaux, ce modèle a basculé à la fin des années soixante-dix. Les liens de l'État-Providence et du capitalisme se sont alors rompus, déliant tous les pactes nés d'une longue pratique de la négociation sociale. Depuis trente ans, la production par habitant ne cesse de croître, mais les inégalités augmentent. L'écart de revenus entre les 20 % de la population la plus riche et les 20 % de la population la plus pauvre était de 1 à 30 en 1960. Ce rapport est passé de 1 à 78 en 1994. Le cercle vertueux de la croissance et de l'intégration sociale s'est irrémédiablement brisé.

Le pouvoir confisqué, l'économie détournée

L'illégalité du capitalisme italien s'est révélée au moment même où, dans le monde entier, on enregistrait la montée des marchés. On a vu alors que la réalité du pouvoir politique était passée du Parlement au gouvernement, puis avait échu entre les mains des secrétaires de partis. Le pouvoir économique s'était concentré dans certains secteurs clés de l'industrie et de la finance. Partout, il avait glissé en réalité dans les allées clandestines des loges et des mafias. Ce n'est pas par hasard si l'économie criminelle s'est développée dans le Mezzogiorno sous-développé. C'était le plus court chemin pour accéder aux marchés mondiaux. Ainsi lui furent attribués des fonds publics à coups de milliards de lires, ici pour enrayer une épidémie, là pour réparer les dommages d'un tremblement de terre, ailleurs pour implanter des industries, sans grand souci de leur caractère productif. Tous les choix n'étaient guidés que par le favoritisme et l'assistance. Quatre cent mille milliards de lires de capital fixe, gérés au nom de l'urgence et dans une opacité absolue, ont servi à construire des infrastructures et des ouvrages publics aussi grandioses qu'inutiles. Ils ont surtout fourni de douteux bénéfices aux entrepreneurs adjudicataires, et accru le pouvoir des politiciens locaux.

L'ÉCONOMIE ILLÉGALE CRIMINALISE LA SOCIÉTÉ

Ainsi s'est produite la mutation criminelle sauvage du Mezzogiorno. Les évasions fiscales, les travaux abusifs de construction, l'essor d'une économie frauduleuse et souterraine ont trouvé une certaine approbation sociale, elle-même payée d'une dépendance accrue envers quelques parrains politiques ou criminels. La déréglementation, favorable, dit-on, à l'ouverture des marchés, a fait le lit des entreprises camorristes, riches de capitaux criminels à recycler. Le chaos s'est aggravé par l'introduction de l'argent sale dans le mouvement des affaires.

Avec ses nouvelles ramifications internationales, la Camorra n'est donc pas un anti-État, une menace externe aux institutions, mais la manifestation typique et très moderne d'une nouvelle criminalité. Celle des puissants. Le marché illégal permet la réalisation très rapide de capitaux considérables qui, en l'absence de mécanismes de contrôle, laissent les criminels se transformer en financiers et en entrepreneurs influents sur le marché légal. Il leur est aisé ensuite de conquérir une influence politique, qu'ils emploient pour acquérir de nouveaux pouvoirs. Et ainsi de suite.

Face à une criminalité économique devenue mondiale, les législateurs nationaux seront-ils capables d'imaginer de nouveaux moyens de lutte ? Il faudrait en particulier concevoir un nouveau processus pénal permettant de confisquer réellement les patrimoines illicites, et leur mise en œuvre par des organes judiciaires supranationaux. Il faudrait, pour cela, une volonté politique forte, mais elle ne surgira pas toute seule. C'est notre responsabilité à nous, praticiens du droit, de le faire savoir.

Comment les pays européens, qui partagent pourtant les mêmes valeurs des droits de l'homme, peuvent-ils diverger sur l'intervention de la justice ? Si l'arsenal réglementaire est prévu dans ses moindres détails pour assurer la libre circulation des personnes, des biens et des services dans les domaines agricole, industriel, financier, culturel ou même sportif, en matière judiciaire, les États persistent à s'accrocher à leur drapeau.

L'araignée dans la toile

Benoît DEJEMEPPE, procureur du roi à Bruxelles

Tiraillé par des forces centrifuges, l'État belge n'en finit pas de s'atomiser. D'une échéance électorale à l'autre, la Constitution fédérale est régulièrement remise en question. Les pouvoirs se préoccupent d'abord de répondre à la contestation dont ils font l'objet. Mais pendant que le pouvoir se délite peu à peu, la Belgique continue de tourner. Sa position géopolitique particulière en fait un centre de communications internationales qui dispose de services financiers performants. Notre pays offre ainsi un vecteur de choix à une criminalité économique en pleine expansion. Cette fraude organisée s'accommode du morcellement du monde libéral. L'exiguïté du territoire belge rend plus criante encore l'impuissance des pouvoirs publics, cantonnés dans leurs frontières, face à la délinquance organisée.

UN COUP DE PROJECTEUR

Même s'il n'est que partiel, le rapport officiel belge 1997 sur la criminalité organisée propose un état des lieux révélateur, notamment sur le caractère international et réticulaire de la délinquance qui se développe en Belgique, en raison de sa position à un confluent politique et économique.

Cent soixante-deux enquêtes ont été menées en Belgique sur les organisations criminelles. La majorité d'entre elles (56,8 %) disposaient d'une structure hiérarchisée. L'ampleur des organisations actives y était cependant relativement limitée. 64 % comptaient de trois à neuf suspects connus.

La ronde des swaps

1 La société parisienne qui a un compte off shore et une filiale aux Antilles, passe un swap avec une banque viennoise.
Chaque année pendant 5 ans, la société versera par exemple à la banque les intérêts à 6% sur une somme de 10 millions de dollars, et au bout de 5 ans, 10 millions de dollars. Au même moment, la banque autrichienne versera à la société les intérêts à 8% sur une somme de 50 millions de francs, et au bout de 5 ans, 50 millions de francs.

2 Une banque de New York passe un swap identique avec la banque autrichienne mais en sens inverse.
La banque de Vienne versera des dollars, la banque de New York des francs.

3 La filiale de la société parisienne qui a son compte aux Antilles passe un swap avec la banque new-yorkaise, identique aux précédents.
New York versera des dollars à la filiale de la société parisienne qui lui versera des francs.

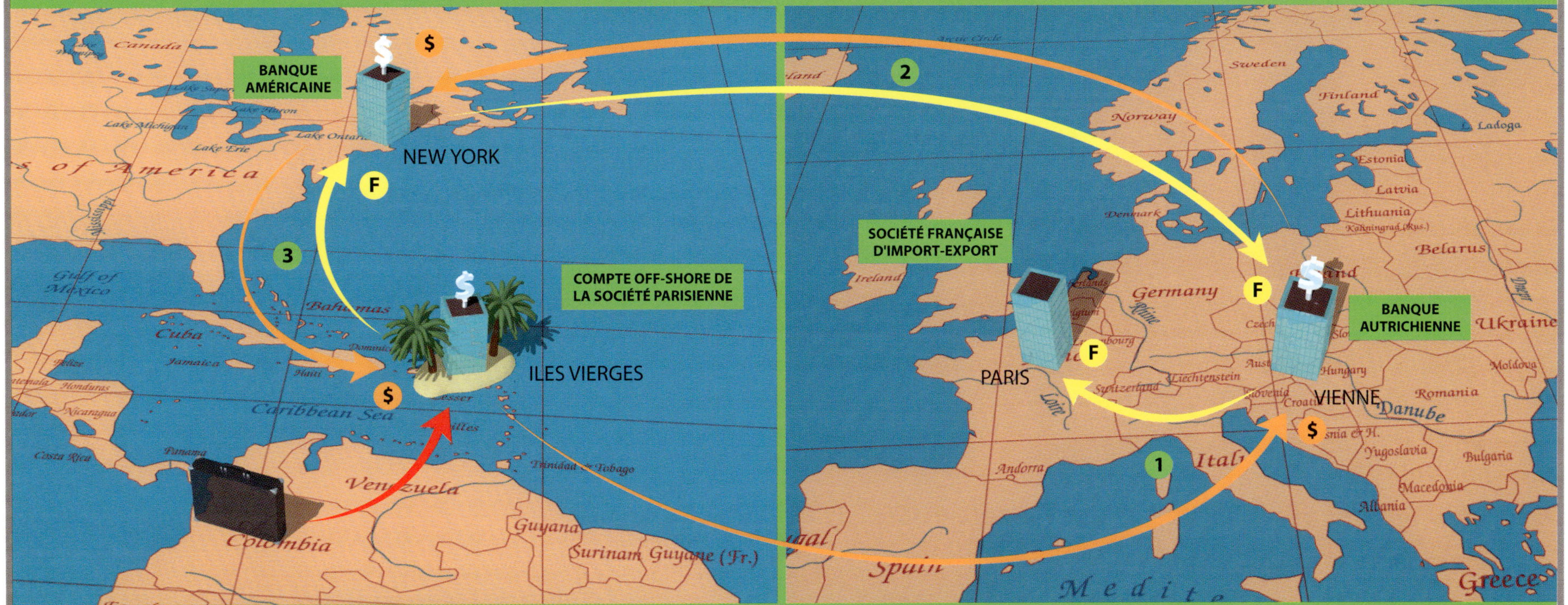

La société parisienne qui cherche à blanchir 10 millions de dollars, n'a pas besoin de justifier l'origine de cette somme, virée à son compte dans un paradis bancaire où il ne lui est posée aucune question.
Elle peut justifier à Paris l'origine des sommes perçues, par l'existence des swaps, dont l'origine est indétectable.

La banque viennoise et la banque new-yorkaise ont effectué des swaps réguliers.
Rien ne permet de détecter qu'ils ont servi à blanchir 10 millions de dollars.

Le swap est un produit financier dérivé très répandu, qui peut servir à des opérations très différentes, de couverture ou de spéculation. Si des enquêteurs curieux cherchent à connaître l'ensemble des opérations de cette ronde de swaps, il leur faudra des mois pour en comprendre le mécanisme, d'autant que le schéma montré ici peut être rendu beaucoup plus complexe, sans difficulté pour le blanchisseur. On ne pourra d'ailleurs même pas reconstituer, de l'extérieur, l'ensemble du circuit, puisqu'il passe par des paradis bancaires et fiscaux. Dans un circuit de ce type, les banques ne prennent aucun risque puisqu'il n'y a rien d'illégal à leur niveau.

Sur un total de 1561 suspects connus, 540 étaient de nationalité belge. Parmi les autres nationalités, figuraient principalement les nationalités italienne, néerlandaise, turque, française, marocaine, russe, yougoslave, allemande et roumaine, qui représentaient 75 % du total. En fonction de l'origine ethnique, on a dénombré quarante organisations criminelles. Parmi elles, douze appartenaient à la mafia italienne, autant à des organisations criminelles turques, dix au crime organisé russe, trois aux cartels colombiens et trois aux triades chinoises. Le nombre d'organisations ayant une structure homogène sur le plan de la nationalité s'élevait à 128.
Plus de la moitié de ces organisations entretenaient des contacts avec un réseau international : mafia italienne (13), réseaux turcs (13), organisations russes (10) et cartels colombiens. Cinq enquêtes font état de contacts avec les triades chinoises.
Le trafic de stupéfiants constituait, pour pratiquement la moitié des organisations (80), l'activité principale ou accessoire. Suivait le blanchiment de capitaux (48). Trente-deux organisations étaient actives dans le monde économique et financier. Seuls 63 cas ont fait l'objet d'une enquête financière en raison d'une inadéquation chronique des moyens des services de police et de justice.
Sur 162 organisations criminelles, 121 faisaient appel à des structures commerciales. Il ressort de ces chiffres que l'utilisation de structures légales (sous la forme de personne morale) l'emporte largement sur la création d'entreprises fictives. Les sociétés de transport et d'import-export représentent environ la moitié des activités commerciales.
Ces enquêtes ont fait apparaître que 105 organisations recouraient à la violence ou d'autres formes d'intimidation. Dans quarante-six cas, des indices d'exercice d'influence ont été observés (police – en particulier la douane – et magistrature).

L'import-export criminel

Parmi les activités liées au crime organisé et participant d'une économie souterraine, on peut citer : le rôle croissant des ports belges dans le trafic international de drogues, l'augmentation du nombre de filières organisées pour la traite des êtres humains en provenance d'Europe de l'Est, la participation d'organisations criminelles belges dans le trafic d'hormones en Europe, la présence de criminalité organisée dans le traitement des déchets, le trafic international de véhicules volés impliquant des organisations criminelles plus petites mais de plus en plus sous le contrôle d'organisations établies (telles que les clans italiens), la menace émanant d'Europe de l'Est en matière de trafic d'armes, l'affluence partout dans le monde de papiers d'identité belges volés, la part importante que représentent dans le crime organisé les activités de blanchiment de capitaux en Belgique issus du trafic de stupéfiants de réseaux hollandais et l'ampleur des jeux de pyramide (ventes en boule de neige).

Au regard de leur origine ethnique, on distingue les organisations criminelles sud-américaines qui développent le trafic de stupéfiants au niveau mondial, les réseaux hollandais qui ont une influence croissante sur la criminalité en Belgique, les organisations criminelles turques qui jouent un rôle actif dans le trafic d'héroïne, le crime organisé russe dont l'action en Belgique concerne principalement le blanchiment de capitaux et les réseaux pakistanais qui participent à la traite des êtres humains.

Des risques d'implosion

Lorsqu'on met ces éléments dans une perspective internationale, une inquiétude grandissante saisit les acteurs policiers et judiciaires, freinés sinon empêchés d'appréhender ces phénomènes dans toutes leurs dimensions. Comment les pays européens, qui partagent pourtant les mêmes valeurs des droits de l'homme, peuvent-ils diverger sur l'intervention de la justice ? L'Europe judiciaire ne fait-elle pas partie intégrante de l'Europe démocratique à laquelle l'immense majorité des citoyens aspire ? Si l'arsenal réglementaire est prévu dans ses moindres détails pour assurer la libre circulation des personnes, des biens et des services dans les domaines agricole, industriel, financier, culturel ou même sportif, les États persistent à s'accrocher à leur drapeau lorsqu'ils considèrent que la justice est susceptible de mettre en péril leurs intérêts. On le sait, l'étanchéité des frontières ne favorise pas la justice.

La criminalité, ressentie en Belgique comme ailleurs en Europe, témoigne du délitement de la société civile davantage encore que de la faiblesse des institutions. Par un effet de circularité, ce délitement contribue à renforcer ces structures délinquantes. Les réseaux de grande criminalité trouvent, dans une série de marginalités, engendrées par les conditions de vie sociale marquées par la mondialisation, autant de relais. Ainsi, parmi les franges les plus fragiles de la population, dont les jeunes sans emploi, les trafiquants trouvent une cible de choix pour faire prospérer leurs activités illicites.

À terme, cette conjonction d'une société en perte de repères et d'idéaux et d'une criminalité organisée offrant des revenus et une protection à des populations fragiles, risque de provoquer une implosion.

Une première étape doit être franchie en mettant un terme aux activités parasites d'États croupions ou de territoires indépendants qui, tel le Liechtenstein par exemple, continuent impunément, au cœur même de l'Europe, à servir de refuge quasiment inexpugnable à des capitaux et à des sociétés fictives, dont la présence n'a d'autre justification que d'assurer le camouflage de transactions financières illégitimes.

Après l'aveuglement et l'hypocrisie, la complicité ?

Bernard BERTOSSA, procureur général de Genève

Alors que la «gobalisation» des menées criminelles est dorénavant connue de tout gouvernement ou de tout parlement qui veut bien s'en soucier, aucune stratégie n'est mise en place à la même échelle et la justice pénale reste confinée à l'intérieur de frontières bien souvent hermétiques.

Alors que le rôle déterminant de la corruption d'autorités étrangères n'est dorénavant ignoré de quiconque qui veut bien s'interroger sur le succès grandissant des mécanismes illicites d'attribution des marchés, et que l'impérieuse nécessité de réprimer les auteurs de ces crimes est proclamée depuis plus de trente ans, ce n'est qu'en décembre 1997 que l'OCDE est parvenue à faire conclure une convention comportant des obligations dans ce domaine. Mais rien ne permet d'être certain que les engagements pris par les États signataires, seront plus rapidement tenus que nombre d'autres promesses figurant dans des traités dont la ratification se fait encore attendre.

Arbitrer entre la liberté individuelle et l'intérêt général

Comment expliquer cette passivité, sinon cette complaisance ? Le postulat ne pouvant être posé que l'ensemble des majorités parlementaires ou l'ensemble des gouvernements ont été animés par la volonté délibérée et suicidaire de favoriser le développement du crime organisé, l'absence de réaction des États démocratiques doit être recherchée dans l'évolution du droit pénal moderne. Sous l'influence de penseurs généreux et aux fins de faire pièce à une justice trop inégalitaire et trop peu soucieuse des droits de la défense, le droit pénal s'est attaché avant tout à

Le blanchiment à domicile

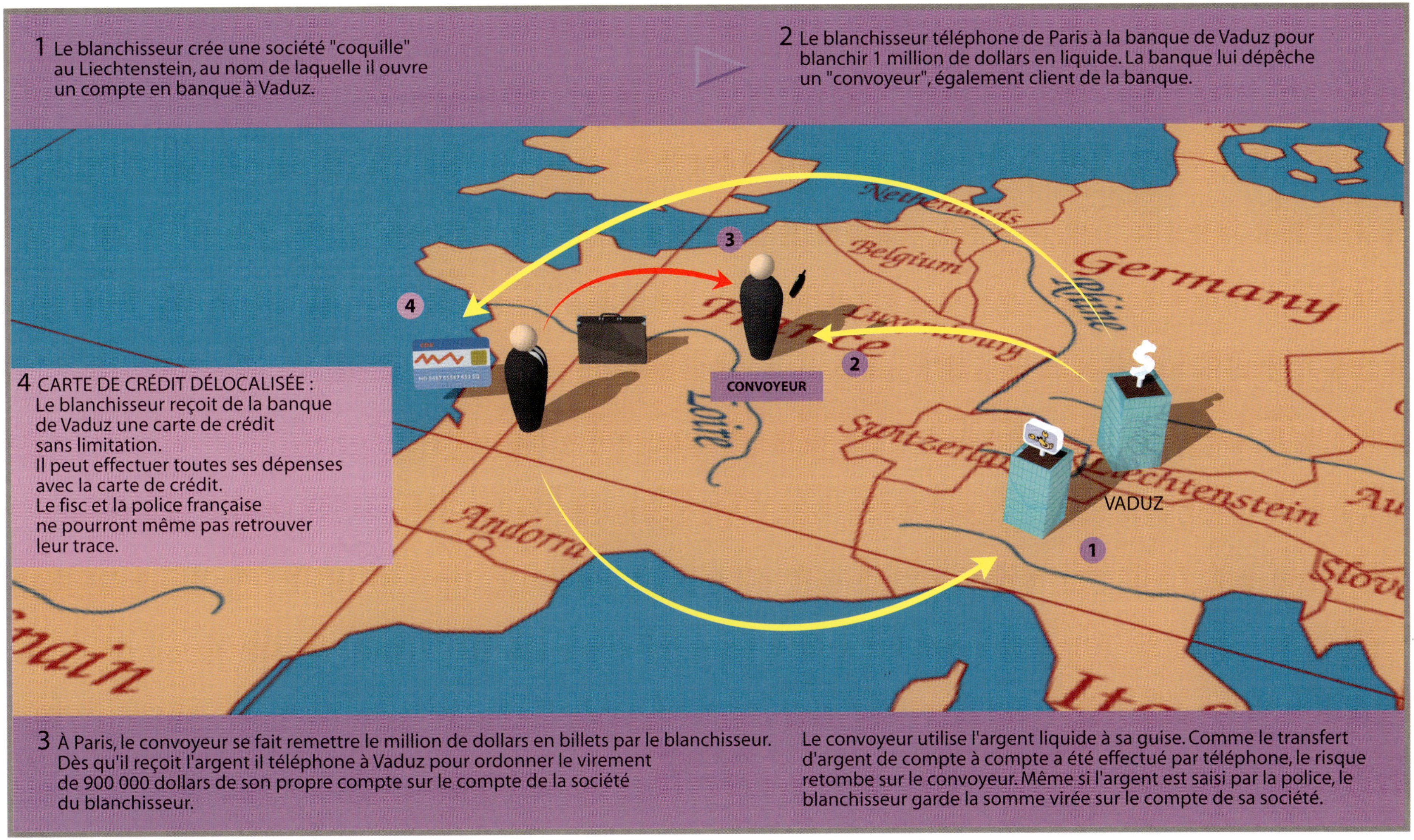

Comment blanchir de l'argent liquide sans sortir de son bureau ? Il suffit de connaître une banque complaisante qui accepte de servir d'intermédiaire sans jamais apparaître elle-même. Elle envoie l'un de ses propres clients, dont le métier est de blanchir l'argent liquide en quête d'honorabilité, chercher une valise de billets chez un autre de ses clients, le blanchisseur. Dès que l'échange physique est effectué, un virement immédiat est opéré du compte du convoyeur à celui du blanchisseur, dans les livres de la banque. Avec une carte bancaire internationale, ce dernier pourra ensuite utiliser l'argent déposé sur le compte de la société-coquille, qu'il a préalablement constituée.

garantir la protection des individus contre l'intervention de l'autorité. L'intérêt privé et personnel est devenu le pôle d'attraction d'une législation assimilant l'intervention de l'État à l'obstacle majeur de l'expression d'une liberté individuelle érigée au rang de dogme absolu. Les législateurs ont toutefois omis de prendre en considération cette évidence : lorsque des espaces de liberté sont créés, ils sont aussitôt occupés par ceux qui profitent de ces facilités pour y établir leur propre pouvoir, en dehors de tout contrôle et sans aucune considération de l'intérêt général que les États sont censés défendre. La loi démocratique est remplacée par la loi du plus fort. Et l'on se trouve aujourd'hui placé devant le constat que l'État, présumé liberticide, ne dispose plus des moyens de défendre l'individu contre des menées criminelles qui, organisées à grande échelle, entraînent pour ces mêmes individus et pour ces mêmes libertés des conséquences bien plus graves, même si elles sont, pour l'instant, moins directement perceptibles.

Un phénomène social

C'est à ce point qu'il est à peine exagéré d'affirmer aujourd'hui que le droit pénal n'est plus destiné qu'aux «gens honnêtes». Les États ont réussi ce tour de force de ne laisser à la disposition des autorités répressives qu'un filet protecteur capable de tenir les petits délinquants, tout en laissant s'échapper les criminels de gros calibre. Ces effets pervers de l'affaiblissement de l'État sont toutefois connus depuis plusieurs années et l'on doit s'étonner, ou s'indigner, que la réaction des détenteurs du pouvoir politique se fasse encore cruellement attendre. Certes, des progrès ont été accomplis dans le domaine du droit pénal matériel. Des incriminations nouvelles (blanchiment d'argent, appartenance à une organisation criminelle) ont vu le jour. Mais elles restent généralement sans effet, dès lors que les autorités policières et judiciaires chargées de les appliquer ne disposent pas des moyens propres à leur mise en œuvre. Qu'il suffise de rappeler à cet égard l'absence de toute coopération internationale possible, adaptée en l'état des textes, à la poursuite des actes criminels commis dans plusieurs États.
Quant aux maîtres du pouvoir économique, comment expliquer ce même aveuglement? Ceux-là mêmes qui se font les chantres de la liberté des échanges et qui prônent les vertus universelles de la libre concurrence s'accommodent pourtant, quand ils ne s'y livrent pas eux-mêmes, de la généralisation des pratiques de corruption. Il n'est guère de grand marché, public ou privé, qui ne soit dorénavant attribué sans que des «pots-de-vin», judicieusement versés, ne viennent pervertir la décision des attributeurs. La mise à disposition des autorités répressives de moyens adaptés à la nature de ces crimes est une nécessité. Elle ne constitue pas cependant une panacée, car les agissements des organisations criminelles ont pris une telle ampleur qu'ils sont devenus un phénomène social. La répression, même si sa contribution est souvent décisive, n'a jamais résolu à elle seule de

tels problèmes. Il n'est guère souhaitable que l'État de droit, aujourd'hui défaillant. soit remplacé par un État policier fondé sur la suspicion et générateur à son tour de dérives incontrôlables.

Une complicité objective

Si les détenteurs des pouvoirs politique et économique veulent sérieusement éradiquer les pratiques criminelles et accorder, sur ce point, les actes à leurs discours. Ils ne peuvent s'épargner des réformes destinées à limiter considérablement, sinon à supprimer totalement, des espaces de « liberté » dont seuls les criminels, le cas échéant accompagnés de fraudeurs de toute espèce, sont en mesure de tirer profit.

Une première étape doit être franchie en mettant un terme aux activités parasites d'États croupions ou de territoires indépendants qui, tel le Liechtenstein par exemple, continuent impunément, au cœur même de l'Europe, à servir de refuge quasiment inexpugnable à des capitaux et à des sociétés fictives, dont la présence n'a d'autre justification que d'assurer le camouflage de transactions financières illégitimes. Pour atteindre ce but, il n'est pas nécessaire d'envahir militairement ces repaires de tricheurs. Il suffit d'adapter le droit à la réalité et de dénier toute existence juridique à ces sociétés de domiciles qui, de Vaduz à Panama, en passant par tant d'autres paradis complaisants, sont utilisées pour favoriser les transactions occultes.

Une autre étape consiste à instituer une collaboration internationale digne de ce nom pour lutter contre la fraude et l'évasion fiscales. À l'heure où les budgets publics sont tous largement déficitaires, il n'est plus concevable de considérer ces mécanismes comme des fatalités ou comme des activités inoffensives. Or les liens entre la fraude à l'impôt et les activités criminelles sont patents. Non seulement elles empruntent souvent les mêmes circuits, ont recours aux mêmes intermédiaires financiers, mais elles servent encore d'alibi commode à toutes les opérations suspectes et favorisent ainsi l'impunité de ceux qui s'y prêtent. Bien d'autres mesures doivent encore être mises en œuvre. Comme la mise au ban des paradis fiscaux ou la collaboration en matière fiscale, elles ont pour dénominateur commun le rétablissement de la transparence, non seulement dans les activités de l'État (dont les dirigeants ne donnent pas toujours le bon exemple...), mais aussi dans tous les domaines de la vie économique. Au risque de paraître naïf, on rappellera que seuls les tricheurs ont à craindre que la vérité ne soit découverte sur leurs agissements. En tolérant avec complaisance, voire en empêchant, cette nécessaire transparence, les États comme les détenteurs du pouvoir économique, se font les complices objectifs de la criminalité organisée.

L'aveuglement est dorénavant synonyme d'hypocrisie. Si elle devait encore durer, l'absence de réaction deviendrait complicité et il ne resterait au juge qu'à se démettre et au citoyen à confier sa défense à des démagogues ou à des gourous, sur les cendres de la démocratie.

Tout est affaire de volonté, à l'heure où il est question d'ouvrir la porte à des pays de l'Est qui doivent faire face à une puissante criminalité organisée. L'Europe doit choisir entre la liberté de ses citoyens et celle de ses criminels ou de ses banquiers. C'est à chacun d'entre nous de faire le nécessaire pour que l'idée même de bien commun survive à la révolution financière.

Il est temps d'agir

Renaud VAN RUYMBEKE, Conseiller à la cour d'appel de Rennes

Les marchés, la finance, les paradis fiscaux sont les nouveaux maîtres du monde. Qui ne pourrait se réjouir de cette prospérité ? Ne soyons pourtant pas aveugles et naïfs. L'ombre de l'argent gris ou noir s'agrandit. Les masses financières souterraines et illégales sont devenues telles que l'économie mondiale ne peut plus s'en passer. C'est le défi du siècle prochain.
Que font donc les juges ? Ils poursuivent et condamnent les petits casseurs et les monte-en-l'air comme si rien n'avait changé. Un vol notable porte sur 20 000 ou 50 000 francs, rarement davantage. Un braquage important peut rapporter 100 000 à 200 000 francs. Un butin de deux millions de francs est tout à fait exceptionnel. Ces sommes doivent être comparées avec celles qui passent à longueur de journée entre les mains des grands trafiquants et des délinquants en col blanc. Les dizaines de millions, voire les milliards de francs, restent à l'abri de toute poursuite, protégés par des frontières infranchissables pour la justice, alors qu'il leur a suffi de quelques manipulations d'ordinateur pour placer cet argent sale en lieu sûr. Un enfant de sept ans comprendrait l'absurdité de la situation actuelle. L'hypocrisie est totale.

L'IMPASSE JUDICIAIRE

L'archaïsme est flagrant en matière de drogue. Les tribunaux sanctionnent les petits revendeurs, ceux qui alimentent en bout de chaîne les jeunes drogués, issus des couches les plus précaires de la société. Tout au plus saisira-t-on, souvent par hasard, un bateau rempli de drogue embarquée au large des côtes marocaines. Tant pis pour le capitaine du navire. Mais le fournisseur, le trafiquant qui paie l'équipage, celui qui a acheté le bateau et qui l'a immatriculé à Jersey avec de

La finance virtuelle

La même somme est transférée d'une banque à une autre par l'intermédiaire de la chambre de compensation dont elles sont adhérentes. Le transfert s'effectue par simple transmission informatique. En fin de journée, la chambre de compensation fait les comptes de ce que chaque banque a reçu et versé, et transfère simplement le solde entre débiteurs et créanciers.

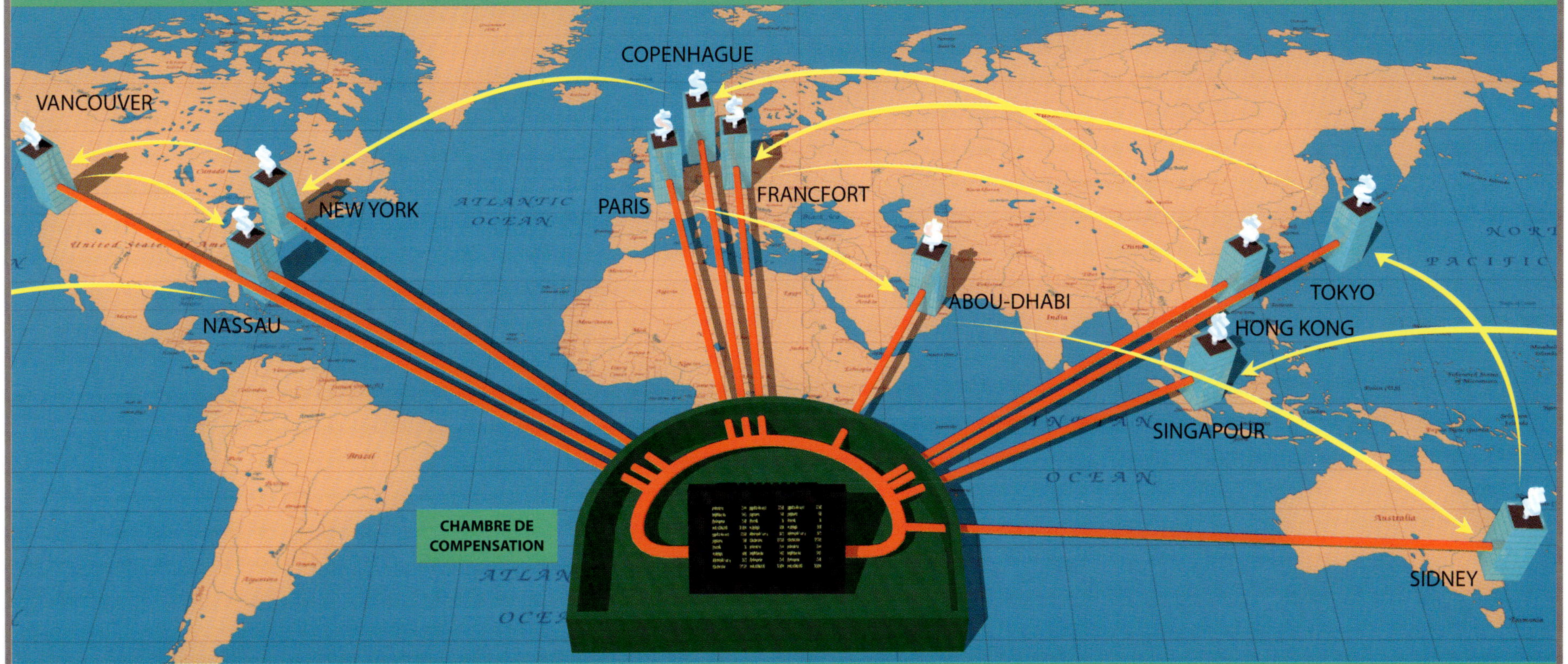

La chambre de compensation est un établissement créé pour faciliter des transactions financières. Elle est responsable des engagements pris par chaque membre envers les autres, ce qui garantit la fluidité, la fiabilité et la sécurité des opérations.

Le circuit se réalise dans la journée grâce aux moyens de communication électronique et téléphonique par satellite, sans aucune circulation physique des valeurs.

L'argent n'a plus de frontières. Les banques, les établissements financiers s'échangent les devises et les valeurs mobilières par simples virements électroniques, sans circulation réelle de ces actifs. Ces échanges passent par des chambres de compensation, qui les centralisent et en garantissent la bonne exécution, tout en leur permettant de s'effectuer sans délai. Les juges ne peuvent, quant à eux, que remonter une par une chaque étape suivie par l'argent dont ils cherchent à reconstituer la trace. Ils doivent interroger les autorités des pays concernés l'une après l'autre, ce qui nécessite de longues procédures (un an au moins en général pour chaque demande). Encore faut-il que ces autorités acceptent de répondre, et donnent une information loyale et exploitable, ce qui est loin d'être toujours le cas.

l'argent liquide, recyclé à Gibraltar ou en Suisse, ne sera, lui, jamais inquiété. L'impunité est également garantie pour les banquiers suisses complaisants ou les gérants appointés des Îles anglo-normandes, sans parler de leurs actionnaires.

Tous les spécialistes de la finance internationale jusqu'au dernier comparse se retrancheront derrière des lois protectrices et bienveillantes envers la criminalité organisée. La fiduciaire ou l'avocat qui dirige l'opération pour le compte de ses clients généreux n'a aucun souci à se faire. Il pourra impunément plaider l'ignorance ou se retrancher derrière le secret des affaires.

Ainsi, lorsqu'une commission rogatoire est adressée à un pays protecteur de la criminalité organisée, même si ce pays ne veut pas le reconnaître (comme ce fut longtemps l'attitude de la Suisse à l'égard de l'or nazi), il faudra attendre des mois, voire des années, avant que les renseignements sollicités par le magistrat lui soient transmis. Certains paradis fiscaux ne répondent même pas ou font seulement mine de le faire. C'est le cas en Europe du Liechtenstein, des Îles anglo-normandes, de l'île de Man... La liste n'est pas exhaustive.

Ne nous voilons pas la face : en l'état actuel de la législation européenne, les chances offertes à un magistrat de démanteler un réseau criminel sont pratiquement nulles. Ceux qui prétendent le contraire mentent. Il faut dix-huit mois pour obtenir les relevés bancaires d'un compte panaméen ouvert en Suisse. Les délais sont interminables au Liechtenstein. Comment atteindre un réseau qui, en l'espace de quelques heures, grâce à l'informatique et avec l'appui de quelques juristes et financiers habiles, a fait valser l'argent criminel d'un paradis à l'autre, en multipliant à dessein les écrans ?

Un phénomène mondial

Ainsi l'existence de paradis fiscaux prospères, conjuguée avec le nationalisme des États qui revendiquent leur souveraineté en matière de justice, assure-t-elle l'impunité totale des principaux trafiquants et de la criminalité organisée. Le monde n'a plus de frontières que pour les juges. Un attorney new-yorkais, John Moscoe, a fait le même constat outre-Atlantique. Il enquêtait sur l'argent de la drogue collecté par de petits dealers de banlieue, dans des quartiers ravagés par la violence. L'argent était déposé en liquide sur des comptes multiples ouverts dans une banque importante et honorable, qui envoyait les sommes aux Îles Caïman. Sa trace était irrémédiablement perdue. Il suffisait ensuite à la même banque de récupérer les fonds blanchis sous couvert de sociétés panaméennes. Elle les réinvestissait en Bourse.

La situation est la même en Europe. La City, qui constitue une place financière de premier plan, est chaque jour alimentée par des fonds provenant de Suisse, du Luxembourg, du Liechtenstein ou des Îles anglo-normandes. Ces fonds sont investis dans les économies occidentales sans qu'elles disposent de moyens d'en détecter l'origine, fût-elle criminelle. Dans une quiète ignorance, elles savourent cette manne qui grossie de manière dramatique.

Au-delà de l'appel de Genève

Les places financières offrent de telles facilités que l'égalité devant la loi et la hiérarchie effective des délits et des peines n'est plus respectée. En octobre 1996, l'appel de Genève a dénoncé cette situation alarmante qui porte en germe la mort de l'idée démocratique. L'écho de ce cri d'alarme et d'impuissance nous a surpris nous-mêmes. Pourtant rien n'a bougé. Pourquoi? Pourquoi aucune voix officielle n'a-t-elle dénoncé l'imposture des paradis fiscaux au cœur de l'Europe ? Certains expliquent cette incurie par le fait que l'argent de la corruption ou des basses œuvres des États utilise les mêmes réseaux que ceux de la grande criminalité. Lui aussi se faufile d'une banque monégasque à une banque domicilié à Gibraltar avant de réapparaître, sous le couvert de l'anonymat, à Londres, à Lugano ou au Luxembourg. D'autres avancent le fait que le grand blanchiment est invisible et reste une source de prospérité bancaire non négligeable. Quelles qu'en soient les raisons, l'évidence est là : les États, qui ont abandonné leurs prérogatives dans la plupart des domaines économiques, restent jaloux de leurs prérogatives judiciaires, jusqu'à la déraison.

Des solutions existent pourtant, si les pouvoirs publics voulaient s'en donner les moyens. Les efforts accomplis pour construire l'Europe de l'industrie, de la finance, de la recherche ou de l'agriculture doivent être prolongés dans le domaine judiciaire. L'idée d'un espace judiciaire commun, éventuellement accompagné d'un parquet et de juridictions européennes, la fin de l'insolence des paradis bancaires au sein de l'Union…, tout est affaire de volonté, à l'heure où il est question d'ouvrir la porte à des pays de l'Est qui doivent faire face à une puissante criminalité organisée. L'Europe doit choisir entre la liberté de ses citoyens et celle de ses criminels et de ses banquiers. C'est à chacun d'entre nous de faire le nécessaire pour que l'idée même de bien commun survive à la révolution financière.

Le cheval de Troie

Autrefois, la criminalité était la part d'ombre de toute société, le résidu qu'elle tentait de contenir à ses marges, en s'efforçant de réduire la nuisance des «classes dangereuses». Ce qui avait permis à Victor Hugo de s'exclamer : «Ouvrez une école, vous fermerez une prison !» Avec dérision, notre époque pourrait faire de cette exhortation son mot d'ordre, quitte à en retourner le sens. Le crime en effet est devenu l'un des modes de fonctionnement de la société mondialisée, et il requiert désormais l'emploi des dernières technologies pour prospérer. Les grands criminels jouent en virtuoses des moyens que la société met à leur disposition pour se fondre dans les structures légales de l'économie et de la finance mondiales. On ne les attrappe jamais, et les prisons ne sont pas pour eux. L'État de droit, qu'on croyait acquis et destiné à s'étendre au même rythme que la croissance économique et les avancées techniques, vacille.

Une criminalité mutante

Cette évolution ne s'est pas accomplie toute seule, elle ne s'est pas non plus faite inopinément. Elle a reposé sur l'ouverture de plus en plus large des frontières, qui a multiplié les occasions de rendre la loi relative, voire inefficace. L'économie criminelle s'est développée dans le sillage de l'économie légale en passant par-dessus les frontières des États. Or toute l'organisation politique et juridique des sociétés modernes, forgée au cours des siècles précédents, reposait sur le principe de territorialité. Autrement dit, le seul espace véritablement réglementé était celui des États, souverains dans les limites de leurs frontières. Tant que l'économie et la société réglaient leurs marques sur cette dimension politique, l'adéquation était évidente entre l'ordre public et l'ordre économique et social. Mais aujourd'hui, aux espaces nationaux la mondialisation a superposé un nouvel espace, jusqu'alors presque vierge : l'espace international, qui ne relève d'aucune souveraineté. Il suffit, pour y accéder, de disposer des moyens de s'organiser par-dessus les frontières, en réseaux souples et flexibles, comme Internet, les marchés financiers ou les chambres de compensation, qu'utilisent quotidiennement les banques, les entreprises et les établissements financiers. Qui serait assez naïf pour croire que les criminels,

dès lors qu'ils ont les capacités de s'organiser, négligeraient un espace livré sans contrôle à leurs appétits? Qui pourrait affirmer que les opérateurs politiques, industriels ou financiers – sans parler des citoyens les plus fortunés – s'imposeraient d'eux-mêmes des règles de probité rigoureuses, à partir du moment où l'impunité leur est garantie?
En rompant l'unité des États-nations, la mondialisation a fait éclater les cadres de référence d'un ordre qui s'efforçait d'être juste et cohérent. La déréglementation s'est d'abord imposée toute seule, quand la finance internationale s'est libérée, d'un seul coup, des contraintes des États. Elle a ensuite été relayée par les gouvernements, entraînés dans une spirale inexorable à la poursuite des capitaux nomades, gages des richesses à venir. Non seulement l'espace international – que les nouvelles technologies de communication permettait enfin d'investir – demeurait l'espace de non-droit qu'il avait toujours été, mais les espaces nationaux se sont offerts à leur tour, en se dépouillant tout seuls des contraintes légales qui pouvaient les rendre moins attrayants que leurs voisins. Là encore, il faut une foi angélique en l'inaltérable bonté des hommes pour se convaincre que la mise en jachère des espaces politiques et juridiques nationaux n'allait pas être utilisée sans vergogne par les délinquants de tout acabit.

Au-dessus des lois

Tout ce qui est advenu par la suite découle de cette double mutation. Les États, de moins en moins légitimes pour intervenir dans la régulation de l'économie et les redistributions sociales, ne s'appliquent plus qu'à attirer sur leur sol l'argent flottant d'une finance sans attache. En matière de défense, d'énergie, de grands travaux, d'équipement lourd, de contrats étatiques, les pouvoirs publics ont utilisé le no man's land de la finance mondiale. Aucun pouvoir n'est regardant sur les procédés pour sauver un marché public à l'exportation, s'assurer les bonnes grâces d'un chef d'État corrompu ou obtenir la signature d'une vente d'armes. L'utilisation géopolitique de la drogue ou des mafias pour subventionner une guérilla amie, déstabiliser un adversaire, infiltrer un réseau terroriste ou bien encore en tirer des revenus occultes destinés à des opérations de défense indicibles à l'opinion, existait du temps de la guerre froide. Elle a décuplé depuis. Les sommes échangées sont telles qu'il est tentant de financer du même coup les partis politiques ou leurs appareils, de doper les campagnes électorales, de s'assurer une clientèle et accessoirement de fournir aux dirigeants une rémunération complémentaire à la hauteur de leur puissance. Rien n'est plus aisé pour ce faire que d'user des multiples facilités offertes par la dérégulation des échanges et le laxisme des dernières réglementations encore en place. Dans le sillage de ces détournements de haut niveau, toute une économie de débrouille et de passe-droit, tout un système de connivence, d'assistance et de copinage se sont développés.

Un échec complet de la lutte contre la grande criminalité

Gherardo Colombo, substitut du procureur à Milan, signataire de l'appel de Genève et l'un des pilotes de l'opération *Mani pulite*, a donné devant le Parlement européen, en avril 1997, la mesure de l'impuissance de la justice : le parquet de Milan a adressé 450 commissions rogatoires à l'étranger; 270 n'ont obtenu aucune réponse. Sur les 180 qui sont revenues, certaines ont mis cinq ans pour lui parvenir... L'opération d'assainissement entreprise par les magistrats milanais est donc peu de chose à côté de ce qu'ils auraient obtenu s'ils avaient les moyens d'aller jusqu'au bout de leurs enquêtes.
Globalement, la lutte contre le crime organisé patine. Quand les juges, aidés de policiers résolus, épaulés par une opinion publique inquiète, jettent tout leur poids dans une lutte parfois mortelle, ils obtiennent des succès, mais ceux-ci sont rapidement remis en cause par l'apparition de nouveaux groupes, de nouveaux trafics, de nouveaux circuits criminels.
Quels résultats a donnés la lutte contre le blanchiment de l'argent sale, le nerf du crime? La réponse est accablante. Seules les méthodes de blanchiment les plus grossières ont été poursuivies, en nombre d'ailleurs infime. Il est exceptionnel qu'un circuit important de blanchiment soit découvert. La BCCI, avec ses 400 succursales réparties dans près de 70 pays, n'est même pas une exception. Elle a été fermée en juillet 1991 non en raison de ses activités criminelles, dont le blanchiment était sans doute la plus importante, mais pour avoir tout bonnement fait faillite. Ses pertes ont été évaluées à environ 10 milliards de dollars. Les exactions commises par cette banque – alors l'une des plus importantes du monde – s'étendaient pourtant à la corruption, à l'escroquerie, au blanchiment – le tout au niveau mondial. Ses activités criminelles étaient connues des autorités américaines depuis 1985. Une affaire de blanchiment dans son agence de Tampa, aux États-Unis, avait même entraîné quelques poursuites en 1988, mais la banque avait accepté de payer une transaction de quelques millions de dollars, qui avait mis fin au procès. Elle

avait pu poursuivre tranquillement l'ensemble de ses activités criminelles jusqu'à ce qu'elle s'effondre d'elle-même. Seuls quelques comparses, après sa faillite, ont été effectivement condamnés, et l'on n'a pu saisir que 13 millions de dollars. Une misère.

Interpol évalue entre 1 et 2 milliards de dollars l'ensemble des saisies effectuées dans le monde en vingt ans de lutte anti-blanchiment, à quoi ne s'ajoute qu'une seule saisie importante de 1,2 milliard de dollars au cours d'une opération montée contre une organisation de blanchiment du cartel de Medellin (l'organisation La Mina, qui a été démantelée à la fin des années quatre-vingt). Ce sont donc 3 milliards de dollars qui ont été saisis en vingt ans. Soit l'équivalent de trois journées de blanchiment de l'argent sale... Trois jours de répression sur sept mille trois cents de blanchiment sans encombre! L'échec est complet. Ce n'est même plus un échec, c'est une déroute.

Une coopération judiciaire conçue pour échouer

Perdra-t-on la guerre contre la finance noire sans même l'avoir engagée ? Dans l'univers impalpable de la finance virtuelle, les juges et les policiers butent à tout moment sur les frontières irréelles des paradis fiscaux qui ne se dressent que devant eux. Chaque magistrat, seul dans son bureau, doit se battre avec des structures juridiques archaïques et dépassées. Elles ont été conçues non pour faciliter la coopération judiciaire, mais pour la soumettre à la souveraineté des États et la limiter au strict nécessaire, à une époque où les relations internationales étaient quasiment inexistantes et empreintes de méfiance réciproque.

Quand un juge adresse une commission rogatoire à l'un de ses collègues étrangers, pour lui demander par exemple des renseignements sur le titulaire d'un compte en banque et sur les opérations faites sur ce compte, il doit d'abord vérifier s'il existe une convention de coopération entre son pays et celui auquel il s'adresse, et en respecter les conditions particulières. Il doit ensuite adresser sa demande d'enquête par la voie diplomatique, c'est-à-dire par l'intermédiaire du ministère des Affaires étrangères. En France, elle doit transiter au préalable par le ministère de la Justice. Elle suit après, dans le pays requis, le même itinéraire, qui s'applique également pour le retour. Des mois sont nécessaires pour obtenir une réponse hasardeuse, et certains pays comme la Suisse ou le Luxembourg offrent à leurs ressortissants le droit de contester devant leurs tribunaux les demandes émanant de la juridiction étrangère. Le contentieux peut remonter jusqu'à la juridiction suprême, de manière purement dilatoire. Fréquemment, les juges étrangers qui transmettent en fin de compte les renseignements demandés, interdisent à leurs homologues de les utiliser dans une affaire différente de celle pour laquelle ils ont été sollicités. Si un autre juge d'instruction veut les obtenir, il doit renouveler entièrement le processus d'interrogation de son collègue, et s'exposer aux mêmes éventualités de recours, avec les mêmes pertes de temps. Ce système est incroyablement inefficace, il a été conçu pour cela, mais aucun État n'envisage sérieusement de le modifier.

Les solutions existent

Il serait illusoire cependant d'attendre des juges, même dotés des moyens de faire leur travail, qu'ils résolvent les problèmes qui sont ceux de la société toute entière. Est-ce une raison pour ne rien faire et se décourager ? Certainement pas. Il faut simplement situer chacun à sa place, au niveau de ses propres responsabilités. On ne résoudra rien par la répression, mais on ne résoudra rien non plus sans elle. Il faut d'abord prendre la mesure des enjeux. Le crime organisé, la grande délinquance économique et financière, la corruption politique ont accompagné les développements de la mondialisation dans des proportions inquiétantes. Des solutions techniques, qui permettraient de les endiguer et d'en reprendre le contrôle, sont possibles. Elles seraient même simples à concevoir.

Une convention internationale, semblable à celle qui a conclu l'Uruguay Round et permis la création de l'Organisation mondiale du commerce, devrait fixer les règles que chaque État devrait respecter en matière de transparence bancaire et financière, de manière à garantir une légalité minimale des relations internationales et l'efficacité des demandes de coopération judiciaire.

Cette charte devrait établir des règles procédurales simples et rapides pour transmettre les renseignements demandés par un juge. Une organisation indépendante, au niveau international, viendrait garantir la bonne application de l'accord, enquêter sur les pays qui ne le respecteraient pas, et poursuivre les cas de mauvaise application. Des sanctions croissantes seraient appliquées à l'encontre des pays récalcitrants, dont la plus efficace pourrait être l'exclusion de ceux-ci du commerce international. On peut penser que les Seychelles ou les îles Caïman, confrontées à la résolution inébranlable des pays industrialisés de ne plus tolérer leurs frasques, retrouveraient rapidement des comportements acceptables.

Qui ne voit que les seuls obstacles sont politiques? Qu'ils tiennent à la seule inertie des États et de leurs représentants, et à la passivité des organisations internationales ? Tous les discours officiels ne servent qu'à dissimuler cette évidence : personne ne veut se donner les moyens d'une lutte efficace contre le crime et l'argent du crime. Les raisons sont simples à comprendre : sans parler des intérêts inavouables des États ou de ceux qui les gouvernent, une réglementation de ce type, qui rendrait les paradis bancaires et fiscaux hors-la-loi, contredirait toute la doctrine actuelle de la mondialisation, dont le mot d'ordre tient en une seule formule : laisser faire et laisser aller.

L'ESPOIR EUROPÉEN

S'il est malheureusement improbable, par conséquent, que l'ensemble des pays de l'OCDE se dotent, malgré leurs discours officiels, d'une législation internationale sérieuse et fiable, il reste à espérer que l'Europe parviendra, dans des délais raisonnables, à mettre déjà un peu d'ordre chez elle. Elle devra commencer par supprimer les paradis bancaires et fiscaux qu'elle protège au cœur de la plupart des pays membres. Le poids économique et financier qu'elle est en train d'acquérir, notamment quand l'euro aura réalisé l'unification monétaire, fera d'elle la première puissance mondiale. Mettra-t-elle cette puissance au service du crime, ou à celui de ses citoyens ? Si elle choisit les citoyens, elle devra également unifier en son sein les règles de procédure pénale, pour créer un espace judiciaire commun.

La mondialisation financière a fait entrer le cheval de Troie de la grande criminalité au cœur même des démocraties. Méprisant Cassandre et ses sombres augures, les responsables politiques, les médias, les citoyens, ont préféré croire, jusqu'à présent, que le monde ne saurait travailler à sa propre perte. Il est temps de se dire qu'on n'entre pas dans l'avenir les yeux bandés.

Jean de MAILLARD

Appel de Genève

1er octobre 1996

Conseil de l'Europe, traité de Rome, accords de Schengen, traité de Maastricht : à l'ombre de cette Europe en construction visible, officielle et respectable, se cache une autre Europe, plus discrète, moins avouable. C'est l'Europe des paradis fiscaux qui, des Îles anglo-normandes au rocher de Gibraltar, en passant par le Liechtenstein ou le Luxembourg, prospère sans vergogne grâce aux capitaux auxquels elle prête un refuge commode. C'est aussi l'Europe des places financières et des établissements bancaires, où le secret bancaire est trop souvent un alibi et un paravent. Cette Europe des comptes à numéros et des lessiveuses à billets est utilisée pour recycler l'argent de la drogue, du terrorisme, des sectes, de la corruption et des activités mafieuses.

Les circuits occultes empruntés par les organisations délinquantes, voire dans de nombreux cas criminelles, se développent en même temps qu'explosent les échanges financiers internationaux et que les entreprises multiplient leurs activités et transfèrent leurs sièges au-delà des frontières nationales. Les autorités politiques qui, à diverses occasions, ont elles-mêmes profité de ces circuits se révèlent aujourd'hui incapables de s'attaquer, nettement et efficacement, aux dérives de cette Europe de l'ombre.

À l'heure des réseaux informatiques d'Internet, du modem et du fax, l'argent d'origine frauduleuse peut circuler à grande vitesse d'un compte à l'autre, d'un paradis fiscal à l'autre, sous couver de sociétés offshore, anonymes, contrôlées par de respectables fiduciaires généreusement appointées. Cet argent est ensuite placé ou investi hors de tout contrôle. L'impunité est aujourd'hui quasi assurée aux fraudeurs. Des années seront en effet nécessaires à la justice de chacun des pays européens pour retrouver la trace de cet argent, quand cela ne s'avérera pas impossible dans le cadre légal actuel hérité d'une époque où les frontières avaient encore un sens pour les personnes, les biens et les capitaux.

Pour avoir une chance de lutter contre une criminalité qui profite largement des réglementations en vigueur dans les différents pays européens, il est urgent d'abolir les protectionnismes dépassés en matière policière et judiciaire. Il devient nécessaire d'instaurer un véritable espace judiciaire européen au sein duquel les magistrats pourront, sans entraves autres que celles de l'État de droit, rechercher et échanger les informations utiles aux enquêtes en cours.

Nous demandons la mise en application effective des accords de Schengen prévoyant la transmission directe de commissions rogatoires internationales et du résultat des investigations entre juges, sans interférences du pouvoir exécutif et sans recours à la voie diplomatique.

Nous souhaitons, au nom de l'égalité de tous les citoyens devant la loi, la signature de conventions internationales entre pays européens ou l'évolution de leur droit interne :
– garantissant la levée du secret bancaire lors de demandes d'entraide internationale en matière pénale émanant des autorités judiciaires des différents pays signataires, là où ce secret pourrait encore être invoqué ;
– permettant à tout juge européen de s'adresser directement à tout autre juge européen ;
– prévoyant la transmission immédiate et directe du résultat des investigations demandées par commissions rogatoires internationales nonobstant tout recours interne au sein de l'État requis ;
– impliquant la réalisation du titre VI du traité de l'Union européenne du 7 février 1992 qui tend à renforcer la coopération dans les domaines de la justice et des affaires intérieures, et ouvre à la lutte antifraude de nouvelles possibilités d'action ;
– impliquant également la mise en œuvre concrète par chaque État signataire de l'article 209a du traité de l'Union européenne visant à combattre les fraudes en matière de subventions de l'Union européenne ;
– révisant la Convention européenne d'entraide judiciaire en matière pénale, signée à Strasbourg le 20 avril 1959, dont l'article 2a entraîne l'exclusion de son application en matière fiscale ;
– incluant le renforcement de l'assistance mutuelle administrative en matière fiscale, déjà prévue par certaines conventions internationales, mais dont l'application reste trop souvent lettre morte. À ce propos, dans les pays qui ne la connaissent pas, nous proposons la création d'une nouvelle incrimination d'« escroquerie en matière d'impôts » pour les cas où la fraude porte sur un montant significatif d'impôt et a été commise par l'emploi systématique de manœuvres frauduleuses tendant à dissimuler la réalité.
Nous voulons ainsi contribuer à construire, dans l'intérêt même de notre Communauté, une Europe plus juste et plus sûre où la fraude et le crime ne bénéficient plus de leur impunité actuelle. Chaque citoyen européen est en droit de demander l'application scrupuleuse de la Déclaration universelle et de la Convention européenne des droits de l'homme. Il en va de l'avenir de la démocratie en Europe.

Bernard Bertossa
Procureur général de Genève

Edmundo Bruti Liberati
Substitut général à Milan

Gherardo Colombo
Substitut du procureur à Milan

Benoît Dejemeppe
Procureur du roi à Bruxelles

Baltasar Garzon Real
Juge d'instruction à Madrid

Carlos Jimenez Villarejo
Chef du parquet anticorruption de Madrid

Renaud Van Ruymbeke
Conseiller à la cour d'appel de Rennes

Manifeste pour le démantèlement des paradis fiscaux en Europe

La révolution technologique et financière a supprimé les frontières pour l'argent, mais les États et leurs systèmes judiciaires continuent de fonctionner comme s'il ne s'était rien passé. Face à l'explosion des marchés, la démocratie devient un exercice de plus en plus dérisoire. Où est l'égalité devant la loi si les paradis bancaires et fiscaux organisent l'impunité ?

Les gouvernements et les grandes entreprises vivent dans deux mondes parallèles : d'un côté, celui de la vie courante, avec ses lois et ses contre-pouvoirs auxquels chaque citoyen et chaque contribuable est confronté, et de l'autre celui de la finance sans frontières, où tout est permis parce que rien ne peut plus être interdit. Les affaires Elf, Crédit Lyonnais, GMF, Rivaud, ARC, pour ne citer que quelques dossiers français, montrent le divorce entre la façade du pouvoir et la réalité des transactions. Elles sont, par l'ampleur des sommes englouties, le signe d'un dysfonctionnement majeur. La criminalité organisée a profité de ce no man's land juridique de la finance pour prospérer.

Les niveaux atteints par ces capitaux nomades sont tels que chacun d'entre nous est tenté de baisser les bras, par impuissance et par isolement. Les gouvernements, impliqués de manière plus ou moins directe dans ce piège, laissent faire. Il est aujourd'hui indispensable de réagir, au nom de l'intérêt général des citoyens de l'Union européenne. L'appel de Genève, lancé le 1er octobre 1996, a dénoncé les obstacles à la libre circulation des informations judiciaires. Plus de dix mille magistrats et citoyens européens l'ont signé. Il faut aller plus loin et lancer le débat politique sur le nouveau rôle des paradis bancaires et fiscaux dans l'économie mondialisée et demander leur démantèlement.

En Europe, ces places financières prolifèrent. L'Angleterre a pris la tête du mouvement, avec les Îles anglo-normandes, l'île de Man et Gibraltar. Le Luxembourg a assuré la présidence de l'Union l'année dernière. Le Liechtenstein, l'Autriche, la Suisse, Monaco, l'île franco-hollandaise de Saint-Martin, l'Irlande sont des refuges de choix pour l'argent noir. L'Europe doit se construire autour des règles essentielles de la justice : l'égalité devant la loi et une hiérarchie effective des délits et des peines.

Les citoyens européens doivent réagir, parce que l'argent brassé dans ces pays est au départ le leur. Celui des surfacturations de marchés publics, de l'évasion fiscale, des rackets et des commissions. La richesse qui s'échappe fabrique chaque jour de nouvelles injustices et, à l'autre bout de la chaîne, une pauvreté insupportable.

Le passage à l'euro est une occasion unique pour lutter contre l'argent noir et réformer le système financier.
À ce titre, nous, citoyens européens, demandons :
– la libre circulation des informations judiciaires ;
– la création d'un parquet européen pour les fraudes au budget communautaire, dont la compétence sera par la suite élargie à toutes les formes de délinquance financière ;
– la mise en place d'une politique prioritaire de lutte contre l'argent sale, condition indispensable du passage à l'euro ;
– la non-reconnaissance juridique des sociétés domiciliées dans les paradis bancaires et fiscaux ;
– des mesures de rétorsion contre les places financières européennes qui refuseraient l'application d'une véritable coopération judiciaire et bancaire.

L'Italie a montré qu'une société pouvait se rebeller contre l'emprise du crime organisé sur la démocratie. L'appauvrissement passager de quelques places florissantes est un prix provisoire à payer. L'argent illégal ira prospérer sous d'autres cieux, où la sécurité bancaire et la compétence leur seront moins assurées. L'Union européenne échappera ainsi à la situation du Japon ou de la Corée du Sud, paralysés par la criminalité financière. Elle deviendra, nous l'espérons, une terre où démocratie et finance ne seront plus antinomiques.

Association « Égalité devant la loi »
29, rue Vieille-du-Temple
75004 Paris

Bibliographie

Ouvrages

Drogue et économie de la drogue

Atlas mondial des drogues, Observatoire géopolitique des drogues, coordination de Michel Koutouzis, Paris, PUF, 1996.
La Drogue, l'argent et les armes, Alain Labrousse, Paris, Fayard, 1991.
L'Économie de la drogue, Pierre Kopp, Paris, La Découverte, 1997.
L'Économie du blanchiment sous la direction de Pierre Kopp, Paris, Association d'économie financière, 1995.
Le marché des drogues, Bernard Morel et Frédéric Rychen, Paris, L'Aube, 1997.
Stupéfiants, prix, profits, Marie-Christine Dupuis, Paris, PUF (coll. Criminalité internationale), 1996.

Économie, mondialisation

L'Espace monde, Olivier Dollfus, Paris, Economica, 1994.
Finance et économie : la fracture, Olivier Piot, Paris, Le Monde Éditions, 1995.
Le Guide des paradis fiscaux face à la Communauté européenne, Édouard Chambost, Paris, Sand, 1993.
Les Holdings, H. Bardet et *al.*, Paris, Francis Lefebvre, 1991.
L'Homme mondial, Philippe Engelhard, Paris, Arléa, 1996.
L'Inégalité du monde, Pierre-Noël Giraud, Paris, Folio actuel, 1996.
Les Marchés financiers, Jean Saint-Geours, Paris, Flammarion (coll. Dominos), 1994.
La Mondialisation de l'économie, Jacques Adda (2 tomes), Paris, La Découverte, 1997.
La Mondialisation du capital, François Chesnais, Paris, Syros, 1994.
Mondioscopie (1973-1996), Alain Gélédan, Paris, Le Monde Éditions, 1997.
Les Nouveaux Instruments financiers, Éric Delattre, Paris, PUF (Que sais-je ?), 1994.
Le Système monétaire international par Michel Lelart, Paris, La Découverte, 1993.
Stratégie fiscale internationale, Thierry Lamorlette et Patrick Rassat, Paris, Maxima, 1993.
Zones franches et paradis fiscaux, Roger Brunet, Paris, Fayard/Reclus, 1986.

Criminalité, argent sale, blanchiment

L'Argent illicite et les affaires, Sylvie Rouquié, Paris, Montchrestien, 1997.
Blanchiment d'argent et crime organisé, Jean-Louis Hérail et Patrick Ramael, Paris, PUF (coll. Criminalité internationale), 1996.
Cosa nostra, Giovanni Falcone et Marcelle Padovani, Paris, Edition n°1/Austral, 1991.
La Criminalité informatique, Daniel Martin, Paris, PUF (coll. Criminalité internationale), 1997.
Fraudes : techniques et répression dans le monde, Bruno Morselli et Jacqueline Taminiau, Bruxelles, Office international de Librairie, 1990.
La Justice ou le chaos, Denis Robert, Paris, Stock, 1996.
Mafias du monde, Thierry Cretin, Paris, PUF (coll. Criminalité internationale), 1997.
Main basse sur l'Europe, François d'Aubert, Paris, Plon, 1994.
Les Superpuissances du crime, Xavier Raufer, Paris, Plon, 1993.

Revues, rapports, périodiques

L'économie mondiale, Les Cahiers français, La Documentation française, Paris, 1995.
Economie mondiale et grandes puissances au XXe siècle, Les Cahiers français, La Documentation française, Paris, 1994.
La géopolitique mondiale des drogues 1995/1996, Rapport annuel de l'Observatoire géopolitique des drogues, septembre 1997, non publié.
Grande criminalité organisée : dessous et enjeux, Relations internationales et stratégiques n°20, hiver 1995.
La lutte contre le blanchiment des capitaux, rapport demandé par les chefs d'État lors du Sommet de l'Arche, GAFI, La Documentation française, Paris, 1990.
La mondialisation en débat, Sciences humaines hors série, n°17 (juin/juillet 1997).
Perspectives de l'économie mondiale, octobre 1997, Washington, FMI.
La mondialisation de l'économie : menace ou progrès ? Problèmes économiques n° 2415-2416 (15-22 mars 1995).
Protection des intérêts financiers de la Communauté, lutte contre la fraude, Rapport annuel 1995, Luxembourg, Office des publications officielles des Communautés européennes, 1996.
Rapport de la commission d'enquête du Parlement européen sur le régime de transit communautaire présidée par M. John Tomlinson, 20 février 1997, Luxembourg, Office des publications officielles des Communautés européennes, 1997.
Rapport de la commission d'enquête parlementaire sur les tentatives de pénétration de la mafia en France présidée par M. François d'Aubert, n°3251, 28 janvier 1993.
Rapport moral sur l'argent dans le monde (Association d'économie financière), Paris, Montchrestien.
Rapports annuels sur le blanchiment des capitaux, GAFI, non publiés.
67e Rapport annuel de la BRI, 9 juin 1997.
World Drug Report, UNIDCP, Oxford, Oxford University Press, 1997.

Remerciements

J'adresse mes plus vifs remerciements à tous ceux qui, par les renseignements qu'ils ont bien voulu me communiquer et les conseils qu'ils m'ont prodigués, m'ont permis de réaliser cet ouvrage. L'expression de ma gratitude va d'abord à monsieur Ould Amar Yahya, qui m'a fait découvrir et comprendre certains des aspects de la réalité des marchés financiers que j'ai décrite dans ces pages. Il lui a fallu une patience et une disponibilité exemplaires, et son aide fut inestimable. Le concours qu'ont bien voulu m'apporter MM. Michel Koutouzis, de l'Observatoire géopolitique des drogues, Ernest Backes et Philippe Micaelli, qui m'ont fourni tous trois de précieux conseils, a également été déterminant. Je suis reconnaissant aux membres du « groupe Sauton » de nos discussions sur le blanchiment, qui ont enrichi ma réflexion ; leurs avis m'ont permis de réaliser ce chapitre dans les meilleures conditions. Je remercie Cyrille Piatecki pour sa lecture attentive et judicieuse, ainsi que pour son aide concrète à diverses étapes de ce travail, Jean-François Thony pour la documentation qu'il m'a communiquée, et Francis Clinet pour ses recherches documentaires.

Je n'oublie pas d'associer à l'expression de ma reconnaissance les magistrats de l'appel de Genève, et en particulier Bernard Bertossa, Benoît Dejemeppe et Renaud Van Ruymbeke, ainsi qu'Antonio Gialanella, qui m'ont fait l'honneur et l'amitié de fournir une contribution à cet ouvrage, de même que Eva Joly et Laurence Vichnievsky pour leur préface. Je tiens à leur rendre hommage pour le courage de leur engagement, et pour le rôle essentiel qu'ils jouent en faveur d'une justice au service exclusif de l'idéal démocratique.

Je remercie enfin Laurent Beccaria pour sa confiance. Ses convictions, de même que sa présence active, exigeante et efficace pendant toute la préparation de ce livre, ont été décisives pour le mener à son terme.

Sachant tout ce que je dois aux personnes qui m'ont apporté leur concours, je précise néanmoins que la présentation des faits que j'ai choisi de proposer au lecteur, leur interprétation et les opinions que j'exprime ici ne les engagent en aucune manière.

Jean de Maillard

Illustrations aldo
aldo@imaginet.fr

Maquette : In Folio, Paris
In.Folio@wanadoo.fr

Imprimé en France par I.M.E. - 25110 Baume-les-Dames
Dépôt légal : Mai 1998
54-07-4827.02/9
ISBN : 2-234-04827-3

« Il faut savoir que le conflit est universel et que la justice est une lutte.
Toute chose s'engendre selon la lutte et les nécessités. »

HÉRACLITE